Die geheimen Mächte des Tierkreises

JÜRGEN BECK

Die geheimen Mächte des Tierkreises, J. Beck
© 2015, Jazzybee Verlag Jürgen Beck
86450 Altenmünster, Loschberg 9
Deutschland

ISBN: 9783849698966

Frontcover: © Raman Maisei - Fotolia.com

www.jazzybee-verlag.de
www.facebook.com/jazzybeeverlag
admin@jazzybee-verlag.de

INHALT

Widder 1

Stier 11

Zwillinge 18

Krebs 25

Löwe 33

Jungfrau 41

Waage 49

Skorpion 56

Schütze 63

Steinbock 69

Wassermann 76

Fische 82

WIDDER

Astrologisches

Die Sonne tritt am 21. März eines Jahres in das Tierkreiszeichen Widder ein und verbleibt dort bis zum 20. April. Das Tierkreiszeichen Widder stellt den Anfang des astrologischen Jahreslaufs dar. Tage und Nächte sind etwa gleich lang und der Frühling beginnt in dieser Zeit.

Der Tierkreis ist ein imaginärer Himmelsgürtel, der sich beidseits der scheinbaren Bahn der Sonne, der sogenannten Ekliptik, erstreckt. Er wird in zwölf Abschnitte zu je 30 Grad geteilt. Diese Abschnitte nennt man die Häuser des Tierkreises. Innerhalb dieses Gürtels bewegen sich die Planeten und bilden die sogenannten Aspekte.

Die Sonne braucht ein Jahr, um die zwölf Häuser zu durchwandern und verbleibt einen Monat in jedem. Diese Monate sind allerdings nicht identisch mit denen, die wir im Kalender ablesen können, sondern dauern ungefähr vom einundzwanzigsten Tag eines Monats bis zum zehnten Tag des Folgemonats. Der Eintritt der Sonne in das Tierkreiszeichen Widder lässt das astrologische Jahr beginnen, da von diesem Tag an die Tage immer länger werden und die Nächte immer kürzer; dennoch wurde der erste Januar per Gesetz zum Neujahrstag erklärt. Es wäre klüger und genauer gewesen, hätten die während der Reformierung des Kalenders im Jahre 1752 amtierenden Gesetzgeber das Neujahr an diesem sogenannten Frühlingspunkt, oder auch Widderpunkt, fixiert, statt das System der alten Römer zu übernehmen, das eigentlich nur aus Gefälligkeit Caesar gegenüber entstanden war.

Das Sternbild des Widders liegt auf der nördlichen Hemisphäre in der Nähe der Plejaden zwischen den Sternbildern der Fische und des Stiers. Es enthält drei sehr helle Sterne, die man mit bloßem Auge wahrnehmen kann. Der hellste darunter ist Hamal, arabisch "das Lamm", lateinisch "Alpha Arietis". Poetischer war sein Name im Reich der Akkadier: dort nannte man ihn Dilkur, oder den Vorboten der Dämmerung. Die Chinesen messen dem Widder größte Bedeutung bei, denn ihr Glauben besagt dass dieses

Sternbild bei der Schöpfung der Welt im Zentrum des Himmels stand – ein Glaube, den auch die Babylonier teilten.

Persönliches

Das Symbol dieses Hauses ist der Schafbock, der in den frühen Religionen ein Symbol des Opfers darstellte. Ein Beispiel dafür ist das jüdische Passahfest, das in der Zeit dieses Zeichens begonnen hat, als Moses befohlen wurde einen jungen Bock zu opfern. Dieses Opfer gilt heute als Vorläufer der Ostergottesdienste. Die Erkenntnisse der Chemie belegen die Tatsache, dass der menschliche Körper aus verschiedenen Elementen besteht. Diese sind grundlegend für alle physischen Gegenstände. Unterschiede ergeben sich durch die Anzahl und Anordnung dieser Elemente, die wiederum mehr oder weniger durch die Planeten unseres Sonnensystems angeregt werden. Die Einflüsse dieser Kraft sollten immer mit in Betracht gezogen werden, wenn der relative Effekt der geistigen Qualitäten oder der magnetischen Ausstrahlungen einer Person evaluiert werden. Der Widder regiert den Kopf und das Gesicht und Geistesarbeiter sind typische Vertreter dieses Tierkreiszeichens, dessen Regent der Verstand ist und das als das positivste aller zwölf Häuser erachtet wird. Die Menschen, die im Zeichen des Widders geboren worden sind, *müssen* Führungspositionen übernehmen, da das Gehirn der aktivste Körperteil ist. Wenn sie Pläne ausarbeiten zeigen sie unendliches Vertrauen in ihre eigenen Fähigkeiten. Schwierigkeiten werden verhöhnt, oder sogar als positiv begrüßt. Widder-Menschen haben den echten Geist des Mars, des Kriegsgottes der Römer – die Liebe zum Sieg.

Sie sind Pioniere im Geist und in der Tat, immer bereit zu Erkunden und Neues ins Leben zu rufen. Bei der Verfolgung ihrer Ziele legen sie unbändige Energie und Furchtlosigkeit an den Tag und scheinen von der Natur geradezu auserwählt worden zu sein, die dornigen Pfade des Lebens zu begehen und diese für ihre schwächeren Artgenossen einfacher zu machen. Sie benutzen dabei immer ihre eigene Methodik. Wenn der Widder gewöhnliche Arbeit verrichten muss ist er unglücklich und selten erfolgreich; wenn sie einmal verstanden haben, was sie erreichen wollen müssen sie dies auf ihre ganz eigene Art tun. Schwierigkeiten bei ihren Unterfangen werden, bedingt durch den übergroßen Optimismus, generell unterschätzt; aber da, wo es einer schnellen und überlegten Entscheidung bedarf, sind sie die besten. Widder sind extrem begeisterungsfähig, mutig, verwegen, großzügig und impulsiv, eigensinnig und von sich eingenommen, lieben den Wandel, Romantik und Abenteuer. Sie sind jederzeit bereit, die Sache der Schwachen und Leidenden zu vertreten und dieser Charakterzug führt oft dazu, dass ihre unüberlegte Wohltätigkeit Dingen zukommt, die dies nicht verdienen. Ihr Idealismus ist sehr groß und sie sind nervös, oft sogar hypersensibel und besitzen eine bemerkenswert scharfe Auffassungsgabe, die sie nur selten täuscht. Sie sind von Natur aus ehrgeizig und es fehlt ihnen manchmal an Vorsicht; da sie aber von ihren Verstandeskräften beherrscht werden können sie auch von dieser Richtung aus am besten beeinflusst werden. Die Kraft der Tierkreis- und Planetarglücksteine ist bei ihnen besonders hilfreich. In Geschäfts- , Freundschafts- und Liebesdingen passen sie am besten zu Menschen, die zwischen dem 21. April und dem 21. Mai, dem 22. Juli und dem 21. August, sowie dem 22. November und dem 10. Dezember geboren sind.

Glückssteine

Die Glückssteine für dieses Tierkreiszeichen sind der Blutjaspis, auch roter Hämatit genannt, und der Diamant. Beide gelten allerdings auch für Menschen, die zwischen dem 21. Juni und dem 21. Juli geboren sind, für äußerst ungünstig sofern Mars bei ihrer Geburt nicht besonders günstig stand.

Der Blutjaspis

Der Blutjaspis, auch bekannt als roter Hämatit, ist eine Abart des grünen Jaspis, dessen markanter Name von einer Vielzahl roter Flecken auf seiner Oberfläche herrührt. Die Flecken werden verursacht von Eisenoxid, mit dem der Stein imprägniert ist. Der Stein ist lichtdicht, aber da seine Oberfläche auf Hochglanz poliert werden kann und dadurch speziell für Gravuren besonders geeignet ist, war er seit Urgedenken einer der Lieblingssteine für Siegel oder Gemmen. Da er in großen Mengen hauptsächlich in Indien, Usbekistan, Sibirien, Tatarstan und auf den Hebriden vorkommt ist er nicht teuer.

Viele antike Schreiber sind sich uneinig, ob der Heliotrop und der Blutjaspis ein und derselbe Stein sind. Einige sind der Ansicht dass der Name Heliotrop daher rührt, dass der Stein im Wasser wie ein rotes Spiegelbild der Sonne aussieht, andere behaupten der Heliotrop sei ein grüner, durchscheinender Chalcedon mit karmesinroten Flecken, während der Blutjaspis eben besagter grüner Jaspis mit roten Flecken sei.

Eine Überlieferung besagt, dass der Blutjaspis bei der Kreuzigung Jesu Christ entstanden sein soll. Nach dem Speerstoß eines römischen Soldaten sollen Christi Bluttropfen auf einen grünen Jaspis gefallen sein, auf dem das Kreuz stand, und der dadurch seine besondere Färbung bekam. Seit dieser Zeit werden dem Stein magische und sogar göttliche Fähigkeiten bei der Verhinderung von Wundstarrkrampf nachgesagt, aus welchem Grund ihn auch römische Soldaten trugen; in Indien ist es Brauch, dass man den Stein selbst in kaltes Wasser taucht und dann auf Wunden oder Verletzungen legt. Seine Heilkräfte in diesem Zusammenhang werden damit erklärt, dass das Eisenoxid im Stein ein aktives und äußerst wirksames Adstringent ist, das sogar in der Chirurgie Verwendung findet.

Bei den Ägyptern waren Ringe aus gefleckten, dunkelgrünem Jaspis sehr beliebt und wurden gerne am Daumen getragen - vermutlich weil der Daumen unter Marseinfluss und Mars der beherrschende Planet des Tierkreiszeichens Widder ist.

Einer dieser Glückssteine wurde von Nechepsos getragen, einem ägyptischen König. Er war mit einem von Strahlen umrundeten Drachen graviert und sollte die Verdauungsorgane stärken. Die Gnostiker trugen den Blutjaspis als lebensverlängerndes Amulett, um seinen Träger gesunder und mutiger zu machen, um den Magen zu stärken und um Melancholie zu vertreiben; und im Mittelalter wurden ihm positive Einflüsse auf Leute nachgesagt, die in der Tierzucht oder dem Ackerbau beschäftigt waren.

Unter den antiken Griechen und Römern wurde der Blutjaspis getragen, um Ruhm und die Gunst der Großen zu erlangen, Beständigkeit und Ausdauer zu erlangen und den Biss des Skorpions oder anderer giftiger Tiere zu überleben. Auch die Athleten trugen den Stein gerne, um bei ihren Spielen erfolgreich zu sein.

In dem Essay "Die Herkunft und Heilkraft der Edelsteine", den ein gewisser Thomas Boyle im Jahr 1675 geschrieben hat, wird erzählt, dass ein Mann mit Neigung zu ausgiebigem Nasenbluten nicht in der Lage war etwas dagegen zu unternehmen bis "ihm ein Gentleman einen Blutjaspis von der Größe eines Taubeneis überreichte, den er sich um den Hals hängen sollte und der nicht nur ihn heilte, sondern auch die Blutung eines Nachbarn."

Die Chinesen raten den Blutjaspis in Gold einzufassen, damit er seine optimal Wirkung entfalten kann; und Pfarrer C. W. King berichtet, dass ein Blutjaspis, der genau dann mit der Figur eines Skorpions graviert wird wenn die Sonne im Skorpion steht, in der Antike als sicherer Schutz vor Blasensteinen geschätzt wurde.

Der Diamant

Unter den unzähligen kristallinen Steinen steht der Diamant unübertroffen für Schönheit, Brillanz und Stärke. Seine Entdecker gaben ihm den Namen Adamas, was soviel bedeutet wie „der Unbezwingbare." Fast jede bekannte Substanz kann damit geschnitten werden – und das, obwohl der Stein selbst durch keinen anderen Stein zerkratzt werden kann. Säuren oder Lösemittel haben keine Auswirkungen auf seine Substanz und auch der Feile widersteht er.

Findet man einen Diamanten ist dieser bedeckt mit einer dicken Kruste die so hart ist, dass sie nur von einem Diamant selbst entfernt werden kann. Und auch das Schleifen und Polieren, das die Form und die Brillanz zum Vorschein bringt, erfolgt mit Hilfsmitteln wie Diamantstaub oder Diamantschleifern.

Antike Schriftsteller glaubten, dass der Diamant den größten spirituellen und physischen Einfluss aller Edelsteine auf die Menschheit hat. Man verbindet mit diesem Stein wundersame Geschichten über Abenteuer und andere Unternehmungen, aber auch Reinheit, Unschuld und Schutz vor Hexenkraft und dem Bösen. Bis heute schütten in Indien wohlhabende Einheimische bei der Zeremonie der Namensgebung aus einem weißen Tuch winzige Diamanten über dem Kopf des Säuglings aus. Damit soll seine Seele rein und tugendhaft bleiben.

Auch die Römer behandelten den Diamanten mit Ehrfurcht und befestigten ihn so am linken Arm, dass der Edelstein das Fleisch berührt. Damit sollte der Träger tapfer und verwegen werden und in der Lage sein, jeden zu besiegen; wenn er dazu noch in feinem Stahl eingefasst war wirkte er zusätzlich gegen Geisteskrankheit.

Alte Astrologen glaubten, dass die volle Kraft des Diamanten dann zur Wirkung kam, wenn der Träger unter einem starken Marseinfluss geboren wurde; er verlieh ihm Tapferkeit, Geistesstärke und Treue in der Ehe; außerdem wehrte er Zauberkraft, Gift und Albträume ab, besänftigte Wut und stärkte die Freundschaft. Er wird oft als Stein der Aussöhnung bezeichnet und wurde getragen um Liebe und Harmonie zwischen Mann und Frau zu fördern.

Sir John Mandeville schreibt:

„Ein Diamant sollte auf der linken Seite des Körpers getragen werden, weil er dort von größerem Nutzen ist als auf der rechten Seite."

Ein anderer Schriftsteller sagt:

„Wer den Diamant auf der linken Seite trägt ist kühn und männlich; er wird ihn vor Knochenbrüchen beschützen; aber nichtsdestotrotz wird er seine Macht und Heilkraft verlieren, wenn sein Träger inkontinent oder betrunken ist."

Im Mittelalter glaubte man, dass der Diamant seinen Träger vor der Pest beschützen würde. Aus diesem Grund erhielt Königin Elizabeth einen Diamant, der sie vor der Ansteckung schützen sollte und den sie an ihrem Busen trug. Der Stein stammte aus dem Gürtel der spanischen Königin Donna Isabella II. und hatte ihr das Leben bei einem Mordanschlag gerettet. Die Dolchspitze des Angreifers traf den Stein, rutschte ab und ließ den Stich, der sonst tödlich gewesen wäre, nur in einer Fleischwunde enden. Auch Napoleon maß den Qualitäten des Diamanten große Bedeutung zu und trug den berühmten Regent-Diamanten im Griff seines Schwerts. Die Geschichte dieses bemerkenswerten Steins ist so eigenartig, dass hier ein kurzer Abriss seiner Entdeckung und Eigentümer erzählt werden soll. Er wurde in Parteal, südlich von Golconda, von einem Sklaven gefunden, der sich eine Wunde in die Wade schnitt und den Diamanten in der Bandage versteckte bis er nach Madras fliehen konnte. Er und ein Seemann, dem er vertraut hatte, kamen überein, den Gewinn aus dem Verkauf des Steins zu teilen. Aber als ein Käufer gefunden war warf ihn der Seemann über Bord und verkaufte den Stein an einen Händler namens Jamchund für £1000; diese gab er schnellstens aus und erhängte sich danach.

Dann wurde der Stein von Thomas Pitt erworben, dem Großvater des Earls of Chatham. Nach zähen Verhandlungen erstand er ihn für £20,400; aber das Juwel brachte ihm kein Glück. Er war so in Angst, den Stein zu verlieren, dass er nie mehr als einmal im gleichen Haus schlief; auch die Umstände, wann und wie er den Diamant erworben hatte, waren immer wieder Gegenstand von Diskussionen. Um das Jahr 1717, als er den Stein bereits mehreren Regenten angeboten hatte, wurde der König von Frankreich davon überzeugt, dass seine Nation den schönsten und perfektesten bekannten Diamanten besitzen musste. Der Verkauf bescherte Pitt £135,000.

In seinem ursprünglichen Zustand wog der Stein 410 Karat. Nach der Bearbeitung, für die man zwei Jahre benötigte, hatte der Stein noch 137 Karat. Er sah aus wie eine große, perfekt weiße Pflaume von beeindruckender Klarheit und war ohne jeden Fleck oder Makel.

In den Wirren der französischen Revolution wurde der Regent-Diamant aus der Schatzkammer entwendet. Zwölf Jahre später wurde er wieder aufgefunden und gehört seither zu den Steinen im kaiserlichen französischen Diadem.

Ein anderer berühmter Diamant ist der Kohinoor, oder "Berg des Lichts." Laut dem französischen Forscher und Reisenden Tavernier kann seine Geschichte bis ins Jahr 500 vor Christus zurückverfolgt werden. Die Aufzeichnungen Baburs, des Gründers des Mogulreiches, besagen dass der Stein nach der Eroberung Malwas im Jahre 1304 in die Schatzkammern Delhis gebracht wurde. Seit dieser Zeit ist er durch die Hände vieler indischer Herrscher gewandert, welche die Sicherheit ihrer Dynastie vom Besitz des Juwels abhängig machten.

Nach vielen Episoden gelangte der Kohinoor in den Besitz von Runjeet Singh, dem König von Lahore, der ihn zwischen zwei kleineren Diamanten am Arm trug. Singh war von den mystischen Kräften des Edelsteins so überzeugt, dass er ihn dem Schrein des Jagannatha vererbte um das Wohlergehen seiner Seele nach dem Tod zu sichern. Seine Nachfolger waren mit dieser Verwendung des Steins allerdings nicht einverstanden und so wurde er schließlich von Lord Dalhousie an Königin Victoria bei der Annektierung des Punjabs als Geschenk übergeben und im Jahre

1850 nach London gebracht. Die Brahmanen glauben, dass der wenige Jahre später ausgebrochene Krimkrieg und der Aufstand der Sepoys auf den Einfluss des Steins zurückzuführen waren und dass jeder Besitzer solange Unglück haben wird, biss der Diamant wieder den Nachkommen Vikramadityas gehört; dennoch hatte das englische Imperium unter dem Einfluss des Hauses des Diamanten, dem Widder, noch viele blühende und reiche Jahre vor sich.

Nachdem der Kohinoor in englischen Besitz geriet wurde er nochmals geschnitten. Dies hat ihn zwar eines Teils seiner Größe beraubt, aber seine Brillanz um ein Vielfaches verbessert.

Nach antiken Überlieferungen sollen *sehr große* Diamanten niemals als Glücksbringer getragen werden, denn sie bringen eher Zerstörung und Unfrieden; auch der Einsatz als Manschetten oder Knöpfe ist verboten, da dies Unglück und plötzlichen Tod garantiert. Der Verlust eines Diamanten gilt, mal abgesehen vom materiellen Wert, als Omen für Unglücksfälle. Um die Kraft eines Talismans zu behalten sollten Diamanten immer willentlich übergeben, niemals verkauft, niemals verliehen, niemals begehrt und niemals mittels Gewalt oder Betrug übernommen werden. Es ist eine seltsam, dass Diamanten, die verkauft wurden oder unter Anwendung von Gewalt erobert worden sind, den Besitzern tatsächlich den Tod oder Unglück gebracht habe; die hohe Sterblichkeitsrate, die für viele Jahre den Hope-Diamanten begleitet hat, ist ein beredtes Beispiel dafür.

Der Hope-Diamant war zuerst im Besitz von Tavernier, dem französischen Reisenden, über den wir bereits gesprochen haben. Er wurde 1605 in Paris geboren und verbrachte einige Zeit im Osten, wo er extensiv mit Edelsteinen handelte und ein großes Vermögen anhäufte. Im Jahre 1668 verkaufte Tavernier den Edelstein, der künftig unter dem Namen Hope-Diamant geführt wurde, zusammen mit einigen anderen Stücken an den großen Monarchen Ludwig XIV. Kurz darauf wurde Tavernier von seinem eigenen Sohn um eine große Menge Geldes gebracht; er starb mittellos mit 81 Jahren im Exil. Die hochmütige und arrogante Gespielin des Königs, die Duchesse de Montespan, überredete ihren königlichen Liebhaber, den Diamanten während eines Hofballs tragen zu dürfen. Von dieser Stunde an verlor sie ihre Bewunderung für den flatterhaften König und die Begleitumstände ihres Endes sind ein weiterer Beleg für den finsteren Aberglauben, der diesen blauen Diamanten umgibt. Die schönste und gleichzeitig unglücklichste Trägerin war Marie Antoinette. Sie trug den Hope-Diamanten nicht nur selbst, sondern verlieh diesen auch an ihre beste Freundin, die Prinzessin de Lamballe. Als schließlich der Kopf von Madame de Lamballe vom revolutionären Pöbel auf einer Pfahlspitze umhergetragen und dem König und der Königin gezeigt wurden, die beide praktische schon Gefangene waren, und in Folge der vom Unglück verfolgte Louis XVI. auf der Guillotine endete, gefolgt von seiner Königin, die auf dem Schafott einen langen und grausamen Tod erleiden sollte – ja dann erinnerten sich die Abergläubischen wieder an den überlieferten Fluch, den der blaue Diamant seinen Besitzern angeblich angedeihen ließ. Dreißig Jahre lang war der Unglücksdiamant nun vom Erdboden verschwunden bis er eines Tages im Besitz eines Edelsteinschneiders aus Amsterdam auftauchte, dessen Sohn ihn seinem Vater gestohlen hatte und daraufhin verschwand. Fals, der Edelsteinschneider, starb anschließend in Armut. Der Sohn gab den Diamanten einem Franzosen namens Beaulieu und beging danach Selbstmord. François Beaulieu brachte den Stein nach London, verkaufte ihn an einen Händler namens Daniel Eliason und starb am nächsten Tag unter mysteriösen Umständen.

Henry Thomas, der Eliason £18,000 für den Diamanten bezahlte, war der nächste Käufer. Der Stein verblieb bis 1901 in der Hope-Familie. Dann verkaufte ihn Lord Francis Hope, der eine Schauspielerin geheiratet hatte und sich wieder scheiden ließ, an einen Amerikaner, der ihn aufgrund finanzieller Schwierigkeiten an M. Jacques Colot veräußerte. Der wiederum verkaufte den Diamant an einen russischen Prinz, der erstochen wurde; Colot, der französische Verkäufer, richtete sich selbst. Ein griechischer Kaufmann starb eines gewaltsamen Todes, nachdem er den Hope-Stein an Abdul Hamid, den ehemaligen Sultan der Türkei, verkauft hatte. Dieser ist dann nur knapp dem Tode entronnen, nachdem er seinen Thron verloren hatte. Eine Gruppe Juweliere aus New York kaufte den verwunschenen Diamanten. Danach gab es Gerüchte, der Stein sei mit dem Unglücksdampfer Titanic untergegangen. Dem war aber nicht so und heute kann man ihn im Smithsonian Institut in Washington, D.C. bewundern.

Zum Schluss sei gesagt, dass die Hindus allergrößten Wert legten auf die ursprüngliche Form eines Diamanten. Ein dreieckiger Stein steht für Streit, ein viereckiger für Terror und Angst; von einem sechseckigen Stein glaubte man, dass dieser dem Träger zu maximalem Glück verhelfen und die Lebenskraft im Alter erhalten könnte.

STIER

Astrologisches

Die Sonne tritt am 21. April in das astrologische Haus des Stiers ein, des zweiten Zeichens des Tierkreises. Dort verbleibt sie bis zum 22. Mai. Der Stier liegt am Firmament zwischen den Sternzeichen Widder und Zwillinge und wirkt besonders prominent durch den beeindruckenden Sternhaufen namens Hyaden. Das Wort stammt aus dem Griechischen und bedeutet "Regen", da den Sternen ein dem Regen förderlicher Einfluss zugeschrieben wurde. Der hellste der Sterne ist Aldebaran, der mit einer scheinbaren Helligkeit von 0,87 ganz besonders hervorsticht; im Stier liegen auch die Plejaden, von denen viele Astronomen glauben, dass in ihnen der Mittelpunkt der Sonnenlaufbahn liegt. Nach der antiken Mythologie waren die Plejaden die sieben Töchter von Atlas und Pheione, die aufgrund ihrer großen Tugend und Reinheit mit einem Platz als Sternzeichen am Himmel belohnt wurden.

Das Symbol des Hauses, der Stier, wurde von den alten chaldäischen Astrologen ausgewählt, weil es am besten die Menschen charakterisiert, die unter diesem Zeichen geboren sind, und mitnichten wegen einer vermeintlichen Ähnlichkeit der Sterngruppierung mit diesem Tier. Der Tierkreis hat ohne Zweifel einen prähistorischen Ursprung und einer der ersten Namen für dieses Zeichen war TE, was so viel bedeutet wie Fundament. Dies ist insofern interessant als die Grundsteinlegung für die beiden jüdischen Tempel unter diesem Zeichen stattgefunden hat.

Da der Stier das erste der Erdzeichen ist repräsentiert er die kreativen Mächte der Natur; Apis, der heilige Stier der Ägypter, wurde als Symbol auserwählt und von den Griechen wegen seiner Fruchtbarkeit adaptiert. Im antiken Griechenland wurde Venus, der beherrschende Planet dieses Hauses, von der Göttin Aphrodite dargestellt. Diese wird üblicherweise mit Hörnern auf ihrem Kopf gezeigt, was aber nicht daher rührt, dass sie der Göttin Isis ähneln soll, sondern dem Planeten Venus, den man manchmal auf seiner Bahn um die Sonne in Halbmondform wahrnehmen kann.

Persönliches

Der dominierende Charakterzug der Stiermenschen ist ihre Zielstrebigkeit, die sie zu treuen und zuverlässigen Freunden, aber auch zu verbissenen Feinden macht; und obwohl ihnen dies oft Schwierigkeiten dabei bereitet, ihre Meinungen denen anderer anzupassen, ermöglicht es ihnen andererseits auch, sobald sie einmal die äußeren Bedingungen erfasst haben, das Beste aus ihrem Fleiß und ihrer Hingabe zu machen.

Sie besitzen enorme geistige und physische Fähigkeiten und sind hingebungsvolle Schüler, deren Konzentrationsfähigkeit sie auch höhere Bildungsabschlüsse erreichen lässt. Sie sind entschlossen, furchtlos, enthusiastisch und unnachgiebig in der Ausführung ihrer Pläne; und wenn man sie nicht reizt, sind sie auch großzügig. Ihr Temperament ist unter normalen Umständen ausgeglichen, manchmal mürrisch und sie können nur schwer provoziert werden. Allerdings werden sie bei Erregung hitzköpfig und heftig. Mittels ihres Enthusiasmus können sie leicht beeinflusst werden, wehren sich aber mit größtmöglicher Starrköpfigkeit gegen alles, was gegen ihre eigenen Neigungen läuft. Ihr Gedächtnis funktioniert in der Regel gut und ihre Zielstrebigkeit geht mit einer großen Portion Geduld einher. Dadurch erreichen sie sehr oft ihre Ziele, nur leider oft mit unverhältnismäßigen Mitteln. Ihre Ansichten sind praktisch, aber sie sind nicht geizig und schätzen Geld als Mittel der Macht und wegen seines Nutzens. Sie verdanken es ihrer Vitalität, dass sie eine enorme Lebenskraft versprühen und können dabei sogar heilend tätig werden indem sie nervösen und ängstlichen Personen die Lebenskraft abgeben, über die sie selbst im Überfluss verfügen. Wenn sie etwas für jemanden empfinden ist ihre Freundschaft echt und verlässlich; und obwohl sie in Geschäftsdingen ohne Zweifel sehr scharfsinnig sind unterliegen sie doch vielfältigen emotionalen und psychischen Einflüssen. Sie neigen dazu, ihre Gefühle entscheiden zu lassen, was sie wiederum offen macht für Täuschungsversuche. Skrupellose Menschen könnten dies ausnutzen, da sie oft Wertungen und Beurteilungen eines Stier-Menschen vorausahnen und sich diese zunutze machen. Generell sollten wichtige Entscheidungen getroffen werden, wenn man alleine ist und am besten entweder früh am Morgen oder spät abends vor dem Einschlafen.

Stiere leiden normalerweise nicht unter Appetitlosigkeit und sind manchmal genusssüchtig; männliche Stiere stehen guter Küche oft kritisch gegenüber und sind nicht leicht zufriedenzustellen; das schöne Geschlecht ist oft überkritisch und stellt seine eigenen kulinarischen Künste generell über die anderer.

Der Erfolg im Leben eines Stiers tritt oft erst ein, wenn er über dreißig ist, seine Veranlagungen unter Kontrolle hat und von seiner Lebenserfahrung profitieren kann.

Der Mond steht in diesem Zeichen in Exaltation, d.h. am höchsten Stand oder Wendepunkt und Menschen, die unter dieser Konstellation geboren sind besitzen starken Charakter, gute Reserven und Selbstkontrolle. Ihre Ziele sind praktischer Art und werden oft erreicht; ihre körperliche Verfassung ist sehr gut und sie erreichen hohes Alter.

Die ersten Lebenseindrücke von Kindern, die im Tierkreiszeichen Stier geboren wurden, sind lebhaft und bleiben bestehen. Ihr weiteres Leben und ihre Karriere hängen stark von den Einflüssen ihrer Kindheit und Jugend ab, deren begleitende Umstände und Bindungen nie vergessen werden.

Der Stier bringt viele praktisch denkende Geschäftsleute hervor, hat aber auch eine künstlerische Seite, die dem Planeten Venus zugesprochen wird. Viele talentierte Sänger und Musiker sind in diesem Zeichen geboren und selbst unmusikalische Stiere werden in ihrer emotionalen Ausrichtung von Musik und Gesang beeinflusst.

Wenn sie nicht einen körperlich beanspruchenden Beruf ausüben lässt sie ihre im Überfluss vorhandene Lebensfreude oft Fett ansetzen, wodurch Krankheiten Tür und Tor geöffnet werden. Die Folgen sind zum Beispiel Magenbeschwerden, Wassersucht oder Probleme mit Herz, Nieren oder der Fortpflanzung; eine Schwachstelle ist auch der Rachenraum mit Krankheiten wie Mandelentzündung, Diphterie oder Laryngitis.

Stiere harmonieren am besten mit Jungfrau, Steinbock und Krebs.

Glückssteine

Die Glückssteine dieses Hauses sind der Saphir und der Türkis. Beide Steine eignen sich hervorragend dafür, die Qualitäten des Stiers zum Vorschein zu bringen.

Der Saphir

Der Saphir ist einer der ältesten, dem Menschen bekannten Edelsteine und wird in Flussbetten oder Wildbächen gefunden, wo die Macht des Wassers ihn aus dem Boden spült. Bis heute werden so die meisten Exemplare entdeckt. Die qualitativ höchsten Saphire haben eine tiefblaue Färbung und je mehr die Farbe dem dunklen, samtenen Blau des Stiefmütterchens ähnelt, desto größer ist sein Wert.

Unter allen farbigen Steinen ist der Saphir derjenige, der in allen Völkern am meisten verehrt wird. Speziell bei den asiatischen Völkern wird er den verschiedensten Gottheiten zugeordnet. Unter Buddhisten wird ihm nachgesagt, dass er das Bedürfnis nach Zwiesprache mit Gott wecke und wird als Stein der Steine betrachtet, der das Spirituelle Licht abgibt und seinem Träger Friede und Glück spendet, solange dieser ein moralisch einwandfreies Leben führt.

In den frühen Tagen der christlichen Kirche waren die Auswahl der Steine und Metalle für die Herstellung eines Bischofrings dem Einzelnen überlassen. Erst im zwölften Jahrhundert erließ Innozenz III. ein Dekret, das besagte, dass diese Ringe in Zukunft aus purem Gold und einem nicht gravierten Stein sein müssten, idealerweise einem Saphir. Ihm wurden die Kräfte und Qualitäten zugeordnet, die für die ehrwürdige Bedeutung dieses Abzeichens des Pontifikalamtes und "Siegel des Geheimnisses" essentiell waren – denn es gab "viele Dinge, die ein Priester vor den Sinnen der gewöhnlichen und weniger klugen Menschen verhüllt, die er wie unter einem Siegel unter Verschluss hält."

Der heilige Hieronymus schreibt, dass "er die Gunst der Regenten fördert, Feinde befriedet, von Zauberkräften und sogar Gefangenschaft befreit."

Auch die Juden verehrten den Stein über die Maßen und es ist überliefert, dass der Siegelstein im Ring König Salomons ein Saphir gewesen sei. Darüberhinaus wird in Exodus 24:10 eine Erscheinung Jehovas wie folgt beschrieben:

"und sie sahen den Gott Israels. Die Fläche unter seinen Füßen war wie mit Saphir ausgelegt und glänzte hell wie der Himmel selbst."

Mit dieser Beschreibung seines Glanzes dürfte wohl die Transparenz gemeint gewesen sein. Außerdem legt sie nahe, dass der Stein bereits zu dieser Zeit bekannt gewesen sein muss. Allerdings werden in antiken Schriften alle blauen Steine als Saphir klassifiziert, selbst die auf den Gesetzestafeln – was praktisch unmöglich ist, denn diese waren aller Wahrscheinlichkeit nach aus Lapislazuli.

Während des Mittelalters wurden dem Saphir mehrere Eigenschaften zugeordnet, wie zum Beispiel die Erhaltung der Keuschheit, Entdeckung von Betrug oder Verrat, Schutz vor Gift, Pest, Fieber und Hautkrankheiten sowie Widerstand gegen schwarze Magie und Verwünschungen; war jemand an Pocken erkrankt schützte er die Augen, wenn man ihn darüber rieb. Er spendete auch Konzentration – außer eine unmäßige oder gottlose Person benutzte ihn. Dann verlor der Stein seine Brillanz und zeigte damit die Unreinheit oder Lasterhaftigkeit an. In Aufzeichnungen der Kirche Old St. Paul's in London findet sich ein berühmter Saphir, der von "Richard de Preston, Bürger und Kolonialwarenhändler der Stadt, zu Zwecken der Augenheilung davon betroffener Personen" gestiftet wurde.

Manchmal finden sich milchige Saphire, die durch diese Besonderheit in ihrer Zusammensetzung sechs Lichtstrahlen beinhalten, die von der Spitze des Steins nach unten verlaufen. Diese sind als Asteria, oder Sternensteine, bekannt und wurden von den antiken Völkern als Liebeszauber geschätzt; darüberhinaus ließen sie ihren Träger in der Gunst steigen, brachten Glück und wehrten Hexerei ab. Sechs ist de Zahl, die der Venus zugeordnet ist und auch die Zahl des echten Siegels des Salomon, dessen Tugenden und Qualität dieser Stein reflektiert.

Angeblich hat die Frau des Kaisers Charlemagne einen besonders mächtigen Glücksbringer besessen, der aus zwei unbehandelten Saphiren und einem Teil eines Kreuzes bestand. Er wurde von den Weisen des Kaisers Harun al-Raschid gefertigt. Der Talisman sollte Charlemagnes Hingabe für seine Frau für alle Zeiten sichern und das tat er sogar bis über ihren Tod hinaus.

Selbst als die Verwesung eingesetzt hatte erlaubte der Herrscher nicht, dass der Körper, an dem der Glücksbringer hing, beerdigt werden durfte; erst als der Beichtvater den Talisman entfernt hatte durfte die Leiche bestattet werden. Dem Beichtvater wurden von Charlemagne große Ehren gewährt und er ernannte ihn zum Erzbischof von Mainz und Kanzler des Imperiums. Als der Kaiser selbst auf dem Sterbebett lag und Todesqualen litt wurde ihm der Stein übergeben und er konnte in Frieden dahinscheiden.

Der Türkis

Der Türkis gilt allgemein als der Venusstein und wird oft fälschlicherweise dem Zeichen des Steinbocks zugeschrieben, das vom Planeten Saturn regiert wird. Er reagiert auf die Ausstrahlungen beider Venus-Häuser, scheint aber beim Stier am wirksamsten zu sein.

Der Stein war in der Antike auch als Türkeistein bekannt, da die meisten der in Europa bekannten Exemplare aus Persien kamen und durch die Hände von Kaufleuten aus Konstantinopel gegangen waren. Auch heute noch kommen die schönsten Exemplare aus dem früheren Persien, während auch in Arizona, China, Tibet und Russland Türkise gefunden wurden. Die Steine in den Kronjuwelen des spanischen Königshauses wurden vor ungefähr 300 Jahren aus New Mexico nach Europa gebracht.

Der Türkis wird sowohl wegen seiner mystischen Kräfte als auch wegen seiner Schönheit mehr als jeder andere Edelstein für Amulette verwendet; dies ist besonders im Nahen Osten der Fall, wo Suren aus dem Koran darauf eingraviert und die Buchstaben vergoldet werden.

Unter den vielen ihm nachgesagten Kräften sticht die Eigenschaft hervor, dass er vor Gift warnen soll, indem er feucht wird und die Farbe wechselt; die Legende besagt dass König Johann damit das Gift entdeckte, das seinen Tod herbeiführte. Dieser Edelstein wurde immer als ein Unterpfand größter Hingabe betrachtet und soll das Böse, das seinem Besitzer droht, auf sich ziehen; allerdings wird diese Qualität nur geschenkten und nicht gekauften Türkisen zugeschrieben. Bœtius de Boot erzählte die Geschichte eines Steins, welcher einem spanischen Edelmann gehörte, der in der Nähe seines Vaters lebte. Der Stein war von außergewöhnlicher Schönheit und verlor nach dem Tod seines

Besitzers die gesamte Farbe, so dass er eher nach einem Malachit als nach einem Türkis aussah. Deswegen konnte de Boots Vater den Stein für kleines Geld kaufen, wollte ihn aber ob seines schäbigen Aussehens nicht tragen. Er gab ihn seinem Sohn und sagte: "Sohn, nachdem man dem Türkis nachsagt, dass er seine Kräfte nur entfalten kann, wenn er verschenkt wird, vermache ich ihn nun dir." Obwohl de Boot dieses Geschenk nicht besonders achtete ließ er sein Wappen darauf eingravieren und trug den Stein nicht, bis dieser nach einem Monat seine ursprüngliche Schönheit wiedererlangt hatte. Kurz danach legte der Stein Zeugnis seiner Kraft ab, denn als de Boot eines Abends nach Hause ritt und sein Pferd so stürzte, dass er drei Meter die Böschung hinunter fiel, waren weder er noch sein Pferd verletzt; erst am Morgen entdeckte er, dass der Stein entzweigebrochen war.

Genau wegen dieser Qualitäten wird der Stein von den Türken als Glücksbringer der Reiter gepriesen. Sie glauben, dass er Pferde sicher gehen lässt und den Reiter vor Stürzen bewahrt; und Camillus Leonardus sagt: "Solange der Reiter den Stein bei sich trägt wird sein Pferd nicht ermüden, er ihn bei einem Unfall und vor bedauerlichen und bösen Zwischenfällen beschützen."

Im Mittelalter glaubte man, dass der Türkis Hass besänftigen, Kopfschmerzen verhindern oder erleichtern und die Farbe wechseln könne, wenn sein Eigentümer in Gefahr oder schlechtem Allgemeinzustand war. Dieser Farbenwechsel war nie von langer Dauer und der Stein sollte sein gewohntes Aussehen wieder annehmen, wenn die Krankheit oder Gefahr vorbei war.

ZWILLINGE

Astrologisches

Das Tierkreiszeichen der Zwillinge wird von der Sonne vom 22. Mai bis ungefähr dem 21. Juni durchlaufen und vom Planeten Merkur regiert. In den frühen Tierkreisen wurde dieses Haus von zwei Kindern symbolisiert, die von den Griechen durch Zwillingskinder ersetzt wurden. Dies waren die Söhne Jupiters, repräsentiert durch die zwei hellen Sterne Castor und Pollux.

Die Zwillinge werden auch durch zwei Säulen versinnbildlicht (♊), die sich oben und unten vereinigen, und die diagrammatisch die Zwillinge symbolisieren, die sich Seite an Seite sitzend umarmen. Castor starb im Kampf und Pollux, der vom Verlust seines Bruders vollkommen übermannt war, flehte Jupiter an, seinen Bruder wiederzubeleben oder sie beide unsterblich zu machen. Als Belohnung für seine Hingabe und in Anerkennung der noblen Taten, die sie beide auf Erden vollbracht hatten, verwandelte Jupiter die Brüder in die Sterne, die in Zukunft die Konstellation der Zwillinge bildeten. Unter anderem sagte man ihnen nach, dass sie das benachbarte Piratenmeer befreit hatten und als die Argonauten während eines heftigen Sturms in großer Bedrängnis waren stiegen zwei züngelnde Flammen aus den Wolken auf die Köpfe von Castor und Pollux herunter und befriedeten das Meer.

Seit diesem Vorkommnis galten sie als Beschützer der Seefahrt. Wenn beide Sterne deutlich am Himmel sichtbar waren galten sie als Vorbote für gutes Wetter, wenn nur einer von beiden erkennbar war bedeutete dies, dass ein Sturm bevorstand.

Generell gilt die Regel, dass das Meer ruhig ist, während die Sonne in den Zwillingen steht und es soll während dieser Zeit gewesen sein, dass der vierzig Tage andauernde Regen der Sintflut endete.

Das bereits angesprochene Symbol der zwei Säulen, die sich oben und unten berühren, soll auch die zwei Säulen repräsentieren, die König Salomon im Vorbau des Tempels errichten ließ. Diese standen so deutlich separiert vom Gebäude selbst und erfüllten keinen baulichen Nutzen, dass man den symbolischen Zweck nur unschwer leugnen konnte.

Eine der Säulen wurde "Jachin" benannt, was so viel bedeutet wie "Er wird gründen", und die andere "Boaz", übersetzt "In Ihm ist Stärke." Sie standen auch für die Vereinigung von Intellekt und Intuition.

Bei den Römern war der Monat Mai Maia geweiht, der Göttin der Unfruchtbarkeit. Daraus ergibt sich dass dieser Monat als äußerst unvorteilhaft für eine Heirat erachtet wurde. Ovid berichtet in seinem Festtagskalender:

"Auch Witwen oder Jungfrauen sollten nicht zu dieser Zeit heiraten. Die, die schon einmal verheiratet gewesen waren, waren dies nicht lange. Auch aus diesem Grund, wenn man dem Sprichwort Glauben schenken mag, sagt man über Hochzeiten im Monat Mai schlechte Dinge."

Diesen Satz befestigte man – natürlich im lateinischen Original – am 15. Mai 1567, dem Tag der Hochzeit von Maria Stuart mit Bothwell, an den Toren des Holyrood Palasts. Ein weiterer alter Schriftsteller behauptet, dass der Wochentag, auf den der 14. Mai fällt, nicht nur in diesem Monat für eine Heirat ungünstig ist, sondern auch im gesamten restlichen Jahr denen Unglück bringen wird, die an diesem Tag heiraten; und ein altes Sprichwort besagt: "Mai gefreit, bitter bereut." Bis Anfang des 20. Jahrhunderts waren aufgrund dieses Aberglaubens für den Mai immer weniger Hochzeiten verzeichnet als für die restlichen Monate des Jahres.

Die Glückszahl der Zwillinge ist die 5, der schon bei den alten Ägyptern und Römern besondere Kräfte nachgesagt wurden, da sie die Summe der ersten geraden Zahl 2 und der ersten ungeraden Zahl 3 darstellt. Man schrieb sie oft über Haustüren um böse Geister fernzuhalten. In diesem Zusammenhang ist es interessant zu wissen, dass bei römischen Hochzeiten üblicherweise 5 Wachskerzen angezündet und die Gäste fünferweise eingelassen wurden; auch die jüdische Geschichte verzeichnet eine besondere Bedeutung der Zahl 5, wie zum Beispiel die fünf Geschenke, die Gott den Priestern gab (4. Buch Mose 14:19). Josef gab Benjamin 5 Gewänder und zeigte dem Pharao nur 5 seiner Brüder. David nahm 5 Kiesel in den Kampf mit Goliath mit, Josua erhängte 5 Könige an 5 Bäumen; jedes wichtige Maß des Tabernakels war 5 oder ein Vielfaches davon; auch gab es 5 kluge und 5 dumme Jungfrauen. Im Islam gibt es 5 Glaubensgebote, nämlich in Allah, den Propheten, den Engeln, dem Jüngsten Gericht und der Vorbestimmung.

Persönliches

Menschen, die unter diesem Zeichen geboren wurden, sind ausnahmslos mit großer Intelligenz ausgestattet und mit entsprechender Bildung entwickeln sie hohe Ansprüche und ein intensives Verlangen, Nützliches und Gutes zu tun. Bei religiöser Veranlagung favorisieren sie das Intellektuelle und Idealistische. Im Familienleben sind sie loyal und treu und helfen selbst denen, die es nicht verdienen. Obwohl sie ihren Familien oder sonstigen nahestehenden Personen gegenüber großherzig sind gehört Verschwendung dennoch nicht zu ihrem Wortschatz. Sie lieben Geld, sind erfinderisch in ihren Ideen, es zu verdienen, freuen sich über eine gute Rendite ihrer Investitionen und ihre angeborene Scharfsinnigkeit lässt sie vielen Wettbewerbern überlegen sein. Sie erfassen schnell die Feinheiten der menschlichen Natur, was ihnen bei ihren Plänen sehr behilflich ist. Entsprechend machen sie meistens das Beste aus ihren Geschäften. Erfolg oder Misserfolg hängen entscheidend von der Position und den Aspekten des Mondes gegenüber den Planeten und der Letztgenannten untereinander zum Zeitpunkt der Geburt ab.

Unter harmonischen Bedingungen besitzen sie ein scharfes Urteilsvermögen, einen schnellen Verstand, künstlerische Fähigkeiten und die Eigenschaft, sich Wissen scheinbar ohne jede Anstrengung anzueignen. Ihre Begabung lässt sie die höchsten geistigen Leistungen vollbringen, bei entsprechender Disposition bedeutet dies aber im Umkehrschluss auch der Hang zu cleverer Trickserei und Betrug.

Ihr Charakter ist oft ambivalent. Oft ruhen zwei Seelen in ihrer Brust und die auffällige Unentschlossenheit und das andauernde Bombardement mit neuen Ideen bereit ihnen viel Ruhelosigkeit, so dass die Verwirklichung ihrer Pläne oft nicht die eigenen Erwartungen erfüllt. Der Zwiespalt von Gefühl und Verstand lässt sie sich nur selten für längere Zeit auf eine Sache konzentrieren. Als Resultat schmieden sie viele Pläne und beginnen Unternehmungen, die sie vor Vollendung aufgeben. Die Kräfte der Intuition, im Gegensatz zu den Impulsen individueller Neigungen, belasten und verwirren den vielschichtigen Geist des Zwillings und machen ihn kapriziös und reizbar, obwohl seine Wut schnell besänftigt werden kann. Zwillinge sind hochgradig nervös, lebhaft, rastlos und lieben Wandel und Vielfalt unter ihren Freunden und

Kollegen. Monotone Arbeiten liegen ihnen überhaupt nicht und ständig suchen sie frische Ventile für ihr überschäumendes Temperament. Bei einem Streit sind Zwillinge dank ihrer Ausdrucksstärke und ihrem zweigeteilten Naturell zähe Gegner. Viele bekannte Anwälte und Juristen sind in diesem Zeichen geboren; unter guten Aspekten aber auch die besten Ärzte, Schriftsteller, Redner, Schauspieler, Rektoren, Journalisten, Kaufleute, Minister und Sprachwissenschaftler – dies unterstreicht die Dualität des Zeichens. Auch die besten Ermittler und Kriminalbeamte tragen dieses Zeichen; wenn aber die schlechte Seite des Charakters voll entwickelt ist werden die Menschen dieses Tierkreiszeichens auch die abgefeimtesten Verbrecher. Die cleversten Kriminellen sind oft Zwillinge, von betrügerischen Finanzberatern über Einbrecher bis zu Taschendieben.

Das Zeichen der Zwillinge regiert die Arme, Schultern und Hände; Verstauchungen oder Brüche treten in den Extremitäten auf. Auch die Lungen sind oft und in der Regel durch Atembeschwerden betroffen. Rheuma und Gicht können vorkommen und wenn sie dies tun, dann in den Regionen, die von diesem Zeichen beherrscht werden. Wenn Merkur, der bestimmende Planet, schlecht aspektiert ist sind Verdauungskrankheiten, nervöse Beschwerden und Leberprobleme angezeigt.

In Liebes- und Geschäftsdingen harmonieren Zwillinge am besten mit Widdern, Löwen, Waagen und Wassermännern. Und es gibt noch etwas äußerst seltsames über das Leben der im Zwilling geborenen Menschen zu sagen: fast alle wichtigen Geschehnisse, egal ob glücklich oder unglücklich, passieren zweimal und Ereignisse in ihrer Karriere wiederholen sich oft in sehr ähnlicher Weise.

Glückssteine

Die Glückssteine dieses Hauses sind alle Arten von Achaten und Chrysoprasen.

Der Achat

Der Achat ist eine Variation des Quarzes und wird in verschiedenen Farben gefunden, oft mit roten und weißen Schichten, weswegen man ihn auch "Bandachat" nennt. Manchmal ist er auch milchig weiß und kann künstlich koloriert werden. Deswegen gibt es ihn auch in leuchtenden Grün- und Blautönen oder verschiedenen Schattierungen von Grau und Lila.

Der Moosachat, oder auch Baumachat genannt, ist eine Abart, die ganz besonders von der Natur gezeichnet wurde. Er enthält viele Flecken, die oftmals die deutliche Form von Farnen, Bäumen, Wolken oder Moos annehmen und dem Stein so ein mysteriöses Aussehen verleihen. In den Hochtagen des römischen Reiches wurde diese Variation besonders geschätzt, da man ihr sowohl medizinische als auch glücksbringende Fähigkeiten nachsagte: Man glaubte, dass die wunderbaren Markierungen in diesem Stein ein Zeichen dafür waren, dass er vom Schöpfer dazu auserwählt worden war, Wunderkräfte zu erhalten. Orpheus sagte: "Wenn du ein Stück Moosachat auf deiner Hand trägst werden dir die unsterblichen Götter wohlgesonnen sein; wenn du ihn ans Geschirr deines Ochsen beim Pflügen heftest, oder um den Arm des starken Pflügers bindest, wird der die Weizenkrone tragende Ceres vom Himmel herabsteigen und deine Furchen herrlich beschicken."

Der Moosachat soll auch positive Auswirkungen auf das Augenlicht haben und wurde von Ärzten als Palette benutzt, auf der sie die verschiedenen Bestandteile für Salben und Tinkturen zusammenrührten.

Die pflanzlichen Darstellungen in den Moosachaten werden von Bestandteilen metallischer Substanzen wie Eisen oder Magnesium produziert; der Name Mokkaachat, mit dem man diese Variation oft bezeichnet, wurde von Mekka in Saudi-Arabien abgeleitet, wo dieser Steine das erste mal gefunden wurde.

Im Britischen Museum gibt es ein umwerfendes Exemplar eines Moosachaten, das den Dichter Chaucer zeigt; in der Strawberry Hill Sammlung findet sich ein weiterer mit einem Bildnis von Voltaire und ein dritter mit dem einer Frau. Je nach Anordnung der Schichten gibt es unzählige weitere Varianten der Achate; manchmal zeigt der Stein parallele Linien hellerer und dunklerer Farbtöne und wird als Bandachat bezeichnet. Wenn die Farben sehr gut definiert und abgegrenzt sind wird er zum Onyxachat und wenn die Streifen zur Mitte des Steins zusammenlaufen ist er als Augenachat bekannt; eine weitere Abart besitzt viele unterschiedliche Farben und trägt den Namen Regenbogen- oder Irisachat.

Edelsteinexperten behaupten, dass Achate in ihrem Ursprungszustand in den Hohlräumen von Felsen geformt werden und dass die Steine durch den Austritt von Gasen oder Dämpfen gebildet wurden, als die Felsen noch flüssig waren. Die Hohlräume füllten sich anschließend mit einer Art mineralischer Substanz, wie zum Beispiel Silikat, das sich in flüssiger Form an den Innenwänden ablagerte und damit eine Art Druse bildete.

Die Griechen und Römer hatten nicht nur großes Vertrauen in die glücksbringenden und medizinischen Qualitäten des Moosachats, sondern auch in die aller anderen Achate, die sie als Schutz vor Krankheiten trugen. Ein Achat, den man in Wein zermahlen hatte und trank, sollte als Gegengift nach einem Biss durch eine Aspisviper dienen und wenn man ihn über die Wunde band half er auch nach dem Stich eines Skorpions. Wenn man ihn auf ein Haar aus einer Löwenmähne spannte brachte er Erfolg in Liebe und Freundschaft, große Gewinnen und die Gunst der Mächtigen.

Pliny war ein großer Verfechter der Kräfte der Achate und schreibt, dass man Stürme abwenden konnte, wenn man einen davon verbrannte; Camillo Leonardo schreibt ihnen nicht nur diese Kraft zu, sondern auch dass sie ihrem Träger Stärke, Lebenskraft und Erfolg bringen. Marbodus, der Bischof von Rennes war, erklärt die glückliche Rettung des Æneas aus seinen Gefahren mit den Kräften eines Achats, den er als Glücksbringer immer bei sich trug.

Obwohl die Römer diese Edelsteine irgendwann nicht mehr in ihre Siegel einarbeiteten glaubten sie doch weiterhin an ihre Eigenschaften als Glücksbringer. Achate waren nicht nur bei den Latein sprechenden Völkern stark nachgefragt, sondern auch von den Persern und im Orient, wo man dem Stein nachsagte, dass er redegewandt machen würde, den Geist erleuchten, Fieber mildern, die Sicht schärfen und bei der Entdeckung von Schätzen dienlich sei. Weiterhin sollte er Glück in Verbindung mit Testamenten und Erbschaften bringen und seinen Träger liebenswert und angenehm erscheinen lassen.

Die Mohammedaner glaubten, dass ein Achat in Apfelsaft zermahlen Wahnsinn heilen würde. Auch in der elisabethanischen Ära hatten unsere Vorfahren großes Vertrauen in seine glücksbringenden Kräfte. Die Königin höchstpersönlich besaß unter ihren Juwelen einen großen, ovalen Achat, der mit einer

Szene graviert war, die Vulkan an seiner Schmiede und Venus als Zuschauerin zeigte. Das Juwel wurde ihr von Erzbischof Parker zusammen mit einem Pergament geschenkt, das die Fähigkeiten des Steins ausführlich auf Lateinisch beschrieb. Die Schrift endete damit, dass die Königin immer einen treuen Freund haben würde, solange sie den Stein besäße.

Auch die Griechen verehrten Achate über alles, speziell die Exemplare mit den Ähnlichkeiten zu natürlichen Objekten. Der folgende Vers beschreibt poetisch ihre vielen Qualitäten:

"Wer im Sommer zu dieser Erde kommt
Und dem Monat Juni seine Geburt verdankt,
einen Achatring an der Hand trägt,
der verfügt über langes Leben, Glück und Gesundheit."

Der Chrysopras

Der Chrysopras ist wie der Achat eine Variation des Quarzes und hat seinen Namen aus dem Griechischen. Das Wort Chrysopras bedeutet "goldener Lauch" und bezieht sich auf seine Farben, die von einem lichtundurchlässigen, gelblichen Grün bis zu einem leicht fleckigen Grün-Weiß reichen. Die Färbung bleicht aus, wenn man den Stein längere Zeit der Sonne aussetzt, erneuert sich aber nach einem Bad in einer Lösung aus Nitrat und Nickel.

Die schönsten Exemplare wurden im früheren Schlesien gefunden und wenn der Stein stark nachgefragt war, schloss man auch schon mal die Minen für zwei von drei Jahren.

Nach Albertus Magnus war ein Amulett Alexanders des Großen aus Chrysopras und die Griechen und Römer fertigten gerne Siegelringe und Gemmen aus dem Stein; dies taten auch die Ägypter, die zusätzlich Lapislazuli als Verzierung nutzten.

Die dem Stein nachgesagten Kräfte waren, dass er Frohsinn verlieh, innere Unruhe besänftigte und seinen Träger vor bösen Träumen und Dämonenangriffen schützte.

Er bescherte seinem Besitzer weitere Vorteile, in dem er ihm guten Arbeitseifer bescherte, Gier und Begehrlichkeit unterdrückte, Glück bei neuen Unternehmungen und treue Freunde schenkte: als Amulett half er auch gegen Rheumatismus und Gicht.

Achate und Chrysoprase entfalten gegenteilige, unglückbringende Wirkungen bei Menschen, die im Zeichen der Waage und der Fische geboren wurden.

KREBS

Astrologisches

Der Krebs ist das vierte Zeichen des Tierkreises und liegt in der nördlichen Hemisphäre. Es besteht aus kleinen Sternen, die für das menschliche Auge kaum wahrnehmbar sind. Die hellsten Sterne entsprechen gerade der Magnitude 3, weswegen man den Krebs in der Antike auch als „das dunkle Zeichen" betitelte.

Die Sonne durchläuft das Zeichen vom 22. Juni bis zum 23. Juli und verzeichnet dort den höchsten Punkt ihrer Umlaufbahn über dem Äquator, den sogenannten Mittsommer.

Der Name Krebs soll angeblich auf die Ähnlichkeit der Konstellation mit dem gleichnamigen Krustentier zurückgehen. Da diese Ähnlichkeit aber mitnichten offensichtlich ist, sollte sie überhaupt jemals da gewesen sein, hat der Name vermutlich doch einen anderen Ursprung.

Die früheste, bekannte Illustration dieses Zeichens kommt dem ägyptischen Skarabäus nahe. Viele Historiker bevorzugen diesen Käfer auch heute noch als Symbol für das Tierkreiszeichen, war er doch 3000 Jahre lang bis Christi Geburt das Zeichen für Auferstehung. Da der Krebs außerdem für die Auferstehung der Erde von der Flut steht, die im vorherigen Zeichen Zwillinge endete, wird der Skarabäus, oder ein Käfer, oft auf der Mitte des Rückens eines Krebses gezeigt. Die Signifikanz dieser Darstellung - die neue Welt, die das Symbol der Ewigkeit trägt – kommt nicht ganz überraschend, wenn man bedenkt, dass der Tierkreis hochentwickelte, religiöse Ideen charakterisiert.

Der Beginn dieses Zeichen wird als Wendekreis des Krebses bezeichnet und wenn die Sonne in diesem Zeichen ankommt, hat sie ihre höchste nördliche Deklination erreicht. Bevor sie in Richtung Süden abnimmt, bleibt sie ein paar Tage in dieser Position. Diese feste Höhe nennt man die Sommersonnenwende oder „Sonnenstillstand"; die Hindus, deren Wissen über die Sterne von den Chaldäern überliefert wurde, benutzten den Krebs als Zeichen für dieses Haus. Um vorwärts zu kommen, ist dieses Tier gezwungen, rückwärts zu laufen – genau wie die Sonne, die ihre rückwärtige Laufbahn zum Äquator beginnt.

Die antike Mythologie besagt, dass die Göttin Juno diese Konstellation geschaffen hat, indem sie einen Krebs im Himmel platziert hat aus Dankbarkeit dafür, dass er sein Leben bei einem von ihr befohlenen Angriff auf Herkules verloren hat.

Persönliches

Der Krebs, das Haus des Mondes, steht entsprechend unter dessen Einfluss. Es ist das erste der Wasserzeichen und regiert das Meer. Menschen, die in diesem Zeichen geboren wurden, sind aufgrund ihrer aufnahmefähigen und plastischen Natur ideal geeignet, die sie umgebenden Einflüsse widerzuspiegeln wie das Meer. Leicht zu beeindrucken, dennoch hartnäckig, werden sie perfekt vom Krebs repräsentiert. Dieses Tier verfolgt sein Ziel, wenn es einmal aufgeschreckt wird, mit bemerkenswerter Hartnäckigkeit und man benötigt wenig Einsatz, es in entschlossene Handlung zu versetzen. Aufgrund der Wechselhaftigkeit ihrer Launen, die von hoffnungsfroh zu deprimiert und zurück wechseln können, überraschen sie ihre Freunde oft damit, dass sie Gelegenheiten auslassen, obwohl der Erfolg schon in Reichweite liegt. Sie schätzen kongeniale Gesellschaft, sind aber auch oft allein glücklich und mögen es nicht, wenn man für sie Pläne schmiedet oder Arrangements trifft. Krebse sind hauptsächlich am heimischen Leben interessiert, da ihr Zeichen die Prinzipien der Häuslichkeit repräsentiert. Als Konsequenz daraus werden Familienbande und Pflichten stärker wahrgenommen als bei anderen Zeichen und alte Freundschaften und Verbindungen werden immer in Ehren gehalten.

Kinder, die in dieser Periode geboren werden, sind sehr empfänglich für die physische und mentale Verfassung anderer. Wenn Sie dazu gezwungen sind, mit Charakteren zu leben, die nicht mit ihnen harmonieren oder ihnen unsympathisch sind, entzieht dies ihnen ihre Vitalität und sie werden nervös, lustlos und morbide. Aus diesem Grund sollten Kinder niemals bei älteren oder kranken Menschen schlafen.

Krebse sind überaus einfallsreich und reserviert, oft misstrauisch, überängstlich und anspruchsvoll; ihre Neigung, jede möglich Empfindung zu erfahren, ist so ausgeprägt, dass sie, bei einer schlechten Aspektierung durch die Planeten ihres Horoskops, auch schnell zu einer Besessenheit ausarten kann. Die

Überentwicklung ihrer intuitiven Fähigkeiten macht sie zu Spielbällen ihrer Vorahnungen und Wahnvorstellungen. Wenn ihr Charakter gut ausgebildet und ihre Launenhaftigkeit gebändigt ist, haben sie einen starken Willen, sind selbstbewusst, besitzen einen scharfen Intellekt und eine starke Intuition, die zu großen Leistungen fähig ist. Obwohl Krebse generell ruhig und reserviert sind, gibt es unter ihnen auch einige gewandte Gesprächspartner. Dort wo es Klans und Sekten gibt, kann man sie finden; auch in vielen Geheimbünden oder mystischen und okkulten Gemeinschaften stellen sie einen Großteil der intellektuellen Mitglieder. Sie schätzen alte Bräuche, ebenso Kuriositäten, Bücher und Relikte aus vergangen Zeiten. Ihre Vorstellungskraft verschafft ihnen eine alle anderen überragende Position im Reich der Poesie und Fantasie. Krebse sind gute Beobachter der Natur und ihrer verschiedenen Facetten; in der Einsamkeit der Wälder, in einem schattigen Hain, an einem Fluss oder in der Nähe einer Hecke können sie am ehesten ihre Balance wiederfinden, wenn diese von einer eher parktischen und unsympathischen Welt aus dem Gleichgewicht gebracht wurde.

Das Zeichen des Krebses hat uns einige der größten Komponisten und Schriftsteller der Romantik geschenkt. Ihre Arbeit ist in der Regel krampfhaft – energiegeladen, solange der Antrieb da und die Zustimmung sichtbar ist, phlegmatisch, wenn die Stimmung wechselt oder der Anreiz entfernt wird.

Sie verzeichnen die größten Erfolge in Berufen und Anstellungen, die mit der Öffentlichkeit zu tun haben, wie zum Beispiel Schriftsteller, Künstler, Musiker, Politiker oder Hellseher. Auch Seeleute und große Marineoffiziere finden sich unter den Krebsen. Generell suchen sie gerne ihr Glück in Berufen, die mit dem Meer oder Flüssigkeiten zu tun haben.

Die harmonischsten Beziehungen führen Krebse mit Stieren, Waagen, Skorpionen und Fischen.

Glückssteine

Die Glückssteine dieses Hauses sind der Smaragd, der Mondstein, die Perle, das Katzenauge und der Kristall.

Der Smaragd

Der Smaragd genoss enorm hohes Ansehen bei den antiken Völkern. Keinem anderen Edelstein wurde so viel Achtung und Bewunderung entgegengebracht – schon alleine seine brillante grüne Färbung galt als Talisman. Einige Überlieferungen zu diesem Stein sind sehr kurios.

Da der Smaragd als Tierkreisstein des Zeichens Krebs gilt, ist es zuvorderst sehr interessant zu wissen, dass dem Krebs selbst, also dem Tier, die gleiche Heilkraft zugeschrieben wurde wie Oculi Cancrorum, dem Krebsstein, der in alter Zeit als Medizin gegen eitrige Entzündungen verordnet wurde.

Smaragde findet man in Sibirien, Indien, den Vereinigten Staaten und Mexiko. Der Aberglaube, dass Dämonen oder Greife die Eingänge zu den Minen bewachen, war unter den Peruanern des frühen 20. Jahrhunderts noch genau so verbreitet wie zu Zeiten der Römer.

Das Wort „Smaragd" hat seinen Ursprung in Sanskrit und bedeutet „grün." Lange Zeit glaubte man, dass nichts in der Natur seiner Farbe und Brillanz gleichkommen würde. Ein alter hebräischer Aberglaube besagte sogar, dass eine Schlange, die ihr Auge auf das Feuer des Steins fixierte, blind werden würde.

Der Grund für seine wunderschöne, grüne Färbung wurde von einigen Wissenschaftlern dem Vorkommen von Chromoxid zugeschrieben; andere glaubte, Kupfer sei dafür verantwortlich – und im Jahr 1848 glaubte ein Forscher, sie sei ein Derivat des Chlorophylls, das den Pflanzen ihre Farbe verleiht.

Während der Eroberung Mexikos fand Pizarro einige Smaragde von überwältigender Schönheit. D'Acosta, ein zeitgenössischer Schriftsteller, berichtet, dass viele der schönsten Steine von den spanischen Soldaten zerstört wurden. Diesen wurde nämlich von einem Priester erzählt, dass man die Echtheit der Steine prüfen könne, wenn man sie auf einen Amboss legte und mit dem Hammer darauf schlug. Das Ergebnis war desaströs.

Auch die Inkas besaßen wunderschöne Smaragde. De la Viga beschrieb einen davon, der angeblich von Esmeralda, der Hauptgöttin Perus bewohnt war, als so groß wie ein Straußenei. Als die Spanier die Tempel Esmeraldas schleiften, fanden sie riesige Mengen Smaragde, da es unter den Priestern Brauch war, diese den

Anbetern mit der Anmerkung abzuschwatzen, dass die Göttin die Steine über alles liebte und als ihre Töchter ansah.

Smaragde waren bereits in den ältesten Zeiten der Weltgeschichte bekannt und wurden hoch geschätzt. Selbst in den Hinterlassenschaften der Ägypter und Etrusker werden sie erwähnt. Die Orientalen vertrauen bis heute ihren Qualitäten und Kräften, wie zum Beispiel der Hoffnung auf Unsterblichkeit, Mut und übergroßes Vertrauen, Schutz vor Seuchen und Erhaltung der Sehkraft. Die Effizienz des Steins wird noch erhöht, wenn man eine Sure des Korans darauf graviert.

In Indien schreibt man ihm die Gabe des Gedächtnisses und das Wissen über Geheimnisse und zukünftige Ereignisse zu. Oft wird er zur Dekoration heiliger Bilder benutzt. Generell messen die Inder dem Smaragd die höchsten Eigenschaften zu.

Die Römer glaubten, dass in Gegenwart dieses Edelsteins nichts Böses existieren könne, da er Falschheit und Verrat dadurch offenlegte, dass er die Farbe wechselte und blass wurde. Wenn er seine Kraft verloren hatte, brachte er Unglück – was wiederum den Glauben nährte, dass das Herunterfallen eines Smaragds ein schlechtes Omen sei.

Der Stein sei außerdem den Augen sehr wohltuend, weswegen er oft als Siegelring getragen wurde; in diesem Zusammenhang vermerkt Plinius: "Wenn die Sehkraft durch langes Sehen auf einen Gegenstand erlahmte oder erblindete, erfrischte oder heilte sie der Blick auf diesen Stein wieder." Es ist überliefert, dass Nero, der sehr kurzsichtig war, ein Augenglas mit einem Smaragd benutzte, um die Gladiatoren-Wettkämpfe zu beobachten. Vielleicht ist es der Verbindung zum Mond geschuldet, der das Haus des Krebses regiert und die Göttin der Hebammen war, dass dieser Edelstein speziell den gebärenden Frauen Glück bringen sollte und für Konstanz und häusliches Glück steht.

Wenn man den Smaragd in einen Ring fasste, stärkte er das Gedächtnis und schützte vor Leichtsinn; ebenso sollte er Fischer und Seeleute vor den Gefahren auf See bewahren, wenn man ihn um den Hals trug und der Stein auf der Brust lag, dem Körperteil, das vom Krebs regiert wird. Er lehrte außerdem Wissen über unbekannte Geheimnisse und bescherte seinem Träger Wortgewandtheit und Berühmtheit. Miss Landon, eine englische Dichterin, sagt darüber:

„Der Edelstein hat die Macht zu zeigen,
ob Liebende sich trennen oder bleiben.
Wenn sie treu sind, ist er wie ein Frühlingsblatt,
sind sie treulos, verwelkt er und wird matt."

Da der Stein sehr sensibel ist, sollten ihn nur Menschen tragen, die zwischen dem 22. Juni und dem 23. Juli geboren sind, oder deren Aspekt zum Mond besonders gut ist.

Der Mondstein

Der Mondstein ist eine Abart des Feldspats und soll, wie der Name verrät, in enger Verbindung zum Mond stehen. Seine bleiche, schimmernde Färbung ähnelt dem Mondlicht, von dem die Inder sogar glauben, dass es dem Stein die Farbe gibt. Ebenso herrscht in Indien der Glaube, dass die Gezeiten die schönsten Mondsteine auswaschen, wenn die Sonne und der Mond in einer besonders harmonischen Beziehung zueinander stehen, was alle einundzwanzig Jahre der Fall ist (drei Mondperioden zu je sieben Jahren). Die englische Redensart „Once in a blue Moon" lässt sich darauf zurückführen und steht für eine sehr lange Zeitspanne.

Die antiken Völker kannten den Mondstein als Selenit und Camillus Leonardus behauptete, dass er die Macht hat, Liebende zu versöhnen. Schwindsüchtigen hilft er, wenn der Mond zunimmt, und wenn er abnimmt, kann der Träger des Steins die Zukunft vorhersagen. Eine weitere These besagt, dass er die Kraft gibt zu entscheiden, welche Unternehmung man angehen sollte und welche nicht, wenn man ihn im Mund behält; die Angelegenheit, die es zu verfolgen gilt, prägt sich ins Gehirn ein, während die andere verblasst und schnell vergessen wird.

Plinius versicherte, dass dieser Edelstein ein Abbild des Mondes beinhaltet, dass genau so zu- oder abnimmt wie der Himmelskörper selbst.

Die Kraft, die dem Stein zugeschrieben wurde, ist der Schutz vor Schaden und Gefahren auf Reisen; außerdem soll er mentale Inspiration, Erfolg und Glück in Liebesdingen bewirkt haben und seinen Träger vor Wassersucht und anderen Wasserkrankheiten, die typisch für den Krebsgeborenen sind, bewahren.

Die Perle

Perlen werden von fast allen Nationen als die schönsten Produkte betrachtet, welche die Natur hervorbringen kann. Da sie ihren Ursprung aber in einem Lebewesen haben, werden sie nicht als Edelstein bezeichnet. Die Wissenschaft weiß heute, dass Perlen in bestimmten zweischaligen Organismen entstehen. Der Prozess ist nichts anderes als eine Form der Erleichterung, in dem die Auster etwas, das von außen die Schale durchdrungen hat, mit einem perlenartigen Sekret bedeckt und dadurch in ein schönes Juwel verwandelt.

Der Gedanke, dass Perlen Tränen symbolisieren, entstammt dieser Tatsache und verdeutlicht das alte Sprichwort, dass auch die edelsten Errungenschaften ihren Ursprung in einer schmerzhaften und fortdauernden Anstrengung haben. Auch wenn die modernen Perlenfischereien, wie z.B. in der japanischen Bucht von Ago, Fremdstoffe in die Schalen einführen, kommen die Resultate daraus bei weitem nicht dem gleich, was natürliche Einflüsse bewirken. Darüberhinaus braucht es sehr viel mehr Zeit, um die künstliche Produktion einigermaßen perfekt zu machen.

Perlen sind extrem hart. Der wohlbekannten Geschichte von Kleopatras Perle kann kaum Glauben geschenkt werden, falls die Perle nicht schon vorher zu Pulver zermahlen worden ist. Jede Säure, die stark genug ist, eine Perle zu zersetzen, wäre für den Menschen absolut tödlich.

Die östlichen Nationen schreiben der Perle die Eigenschaft zu, dass sie die Reinheit ihres Trägers erhält. Desweiteren ist sie ein Symbol der Jungfräulichkeit. Auch die Römer maßen der Perle große Bedeutung zu, widmeten sie Isis und trugen sie zu ihren Ehren. Perlen wurden zu einem Sud mit destilliertem Wasser verarbeitet, um Wahnsinnigen den Verstand zurückzugeben. In China werden Perlen pulverisiert und als Medizin gegen Synkopen und Magenbeschwerden verordnet.

In alten Zeiten wurde der Perle die okkulte Fähigkeit nachgesagt, dass sie Taucher, die sie als Amulett trugen, vor Haien beschützen würde.

Perlenschmuck wird generell zugeschrieben, dass er Verliebten Unglück bringen soll – er symbolisiert einen „ewigen Tränenfluss." Aus diesem Grund wird er bis heute nur äußerst selten für Verlobungsringe verwendet.

Das Katzenauge

Das Katzenauge ist ein halb-transparenter Stein aus der Familie der Chrysoberylle und trägt auf seiner Oberfläche einen klar erkenntlichen Lichtstreifen, der gerne mit einem Wassertropfen verglichen wird, der einen Lichtstrahl eingefangen hat. Der Stein ist für gewöhnlich durchscheinend und von milchig-weißer Farbe, es gibt ihn aber auch in gelben, roten und braunen Schattierungen. Er wird besonders in Indien verehrt, wo er nicht nur als dem Wohlstand förderlich angesehen wird, sondern auch davor beschützen soll, dass der Profit seines Besitzers schwindet. Das Katzenauge hat Macht über die Schrecken der Nacht, lindert Asthma, wenn er um den Hals getragen wird und hilft Babies bei Kehlkopfdiphterie. Es wird auch getragen, um geistige Balance, Vorausschau und Attraktivität zu fördern. Es gibt keinen Stein, dem mehr Erfolg bei Spekulationsgeschäften und dem Glücksspiel nachgesagt wird.

Der Bergkristall

Bergkristall ist eine klare, transparente Form des Quarzes. Der Name Kristall kommt aus dem Griechischen und bedeutet „gefrorenes Wasser" oder „klares Eis." Schon in sehr alten Zeiten glaubte man, dass eine Kristallkugel die verborgenen Geheimnisse der Zukunft enthüllen könne. Es ist überliefert, dass der Heilige Augustinus von Hippo glaubte, dass die Wahrsagerei, also der Blick in die Kristallkugel, ihren Ursprung in Persien hatte.

Der Mond, der Regent des Hauses des Krebses, hat direkten Einfluss auf die Fähigkeiten des Gehirns, durch die Seher Ereignisse, deren Schatten im Kristall zu sehen sind, visualisieren können; der Stein liegt den Trägern dieses Zeichens ganz besonders und es ist nicht verwunderlich, dass einige der besten Seher im Krebs geboren wurden. Plinius erklärt, dass römische Ärzte den Bergkristall zum Ätzen benutzten und ihn gegen die Strahlen der Sonne hielten. Äußerlich angewandt galt er auch als Arznei bei Nierenkrankheiten.

Alle genannten Steine, Smaragd, Mondstein, Perle, Katzenauge und Bergkristall, sollten generell nicht von Widdern oder Waagen getragen werden, da diese Zeichen nicht mit diesen harmonieren.

LÖWE

Astrologisches

Die Sonne tritt am 23. Juli in das Tierkreis-Haus des Löwen ein und verbleibt dort bis zum 23. August. Er ist das fünfte Zeichen des Tierkreises und wird durch das gleichnamige Sternbild gekennzeichnet, das in der nördlichen Himmels-Hemisphäre angesiedelt ist. Es liegt direkt unter dem Großen Bär (oder Pflug) und beinhaltet über 70 für das menschliche Auge sichtbare Sterne. Der Hauptstern ist Cor Leonis, oder das Löwenherz. Unter dem Namen Regulus war er speziell für Navigatoren bei der Bestimmung des Längengrads auf See hilfreich. Man kann das Sternbild leicht identifizieren durch eine Gruppe Sterne, die auf der westlichen Seite des Sternhaufens eine deutlich erkennbare Sichel bilden. Löwe und Krebs sind die nördlichsten der zwölf Zeichen und dem Zenit der Erde am nächsten. Sie verursachen die größte Wärme und Hitze und werden entsprechend den Häusern der beiden Himmelskörper zugeordnet: Krebs, das weibliche Zeichen, dem Mond und der Löwe, das männliche, der Sonne. Der Löwe, der in der Mitte der Feuerzeichen liegt, ist besonders für die Erscheinungsformen der Sonne geeignet . Der Symbol des Hauses, der Löwe, soll angeblich daher stammen, dass die Hitze der Sonne, des Regents dieses Hauses, einem wütenden Löwen gleichkommt, wenn sie in diesem Zeichen steht; darüber hinaus ist es eine bekannte Tatsache, dass die Sonne von den antiken Völkern als Löwe verehrt wurde. Die Ägypter weihten ihr den Monat Juli und hielten die Spiele der Ludi Apollinares zu ihren Ehren.

In der griechischen Mythologie repräsentiert der Löwe das Monster, welches der Schrecken der Reisenden in den Wäldern von Nemæa war; es wurde von Herkules im Kampf erschlagen und zum Gedenken an diesen große Schlacht gewährte Jupiter ihm einen Platz unter den Sternen. Der Löwe als Symbol des Zeichens ist allerdings viel älter als die griechische Kultur und hat schon in den ägyptischen und indianischen Tierkreisen seinen Platz.

Persönliches

Astrologisch gesehen ist der Löwe ein festes Zeichen; Zielstrebigkeit und fester Glauben an die eigenen Ideen sind absolute Kennzeichen dieses Zeichens. Wenn ein Löwe sich mit seinen Ansichten und Meinungen über Dinge, an denen er interessiert ist, im Recht glaubt, lässt er sich nicht beirren. Er wird zwar niemals aggressiv, hält es aber auch nicht für nötig zu argumentieren oder zu erklären, wenn seine Zuhörer ihm nicht sympathisch oder vernünftig sind.

In religiösen Dingen besitzen Löwen grenzenlosen Feuereifer und Enthusiasmus; oft glauben sie, dass sie eine ganz spezielle Mission in ihrem Leben haben, welche sie, koste es, was es wolle, persönliche Opfer oder Bürden, erfüllen wollen. Sie formulieren ihre Ideen schnell und besitzen die wundersame Fähigkeit, sattsam bekannte Fakten in einem völlig neuen Licht darzustellen. Außerdem übernehmen sie gerne Gedanken aus Reden oder auch Predigten, erweitern oder entwickeln deren Bedeutung oder Zweck und überraschen ihre Zuhörer nicht nur durch die Beherrschung dieses speziellen Themas, sondern auch durch die Nichtbezugnahme auf die eigentlichen Worte des Redners. Ihr scharfer Verstand lässt sie ausnahmslos den praktischen Gesichtspunkt der Dinge sehen und triviale Handlungen verachten. Aus diesem Grund unterstützen Leute, mit denen Löwen in Kontakt kommen, typischerweise eher deren Interessen, als sie abzulehnen. Bedingt durch diese Umstände sind sie oft erfolgreich und gelangen in vorteilhafte Positionen. Es ist überhaupt nicht erstaunlich, dass in der Mehrheit der Fälle, in denen aus einem gewöhnlichen Verkäufer ein wohlhabender Magnat geworden ist, ein Löwe betroffen war. Unter normalen Umständen haben diese Menschen ein sonniges Gemüt, sind froh gelaunt und großherzig und mit einem angenehmen, umgänglichen Temperament ohne Neid oder Boshaftigkeit ausgestattet. Obwohl sie ab und an augenblicklichen Temperamentsausbrüchen ausgesetzt sind, hegen sie keinen Groll und können selbst ihre unerbittlichsten Feinde zu ihren Freunden machen. Wie schon erwähnt, sind manche Löwen exzellente Geldscheffler, obwohl sie von Natur aus eher nicht sparsam sind, sondern, im Gegenteil, eher luxuriös und extravagant in ihrem Geschmack. Aber ihr sprichwörtliches Glück trägt sie immer auf der Krone der Welle, egal wie übermäßig sie ihr Geld ausgeben. In ihrem sozialen Umfeld treten Löwen oft in den Vordergrund, sind gute Erzähler mit einem Talent für den Fluss einer Geschichte. Personen, die diesbezüglich weniger begünstigt sind, neiden ihnen diese Fähigkeit oft.

Ihre körperliche Verfassung ist normalerweise stark und gesund, mit Ausnahme des Herzens, das oft aufgrund von Überarbeitung unregelmäßige Funktionen zeigt und Herzrasen oder Ohnmachtsanfälle verursacht; auch Sonnenstich und Augenkrankheiten gehören zu den Problemen der Löwen. In einer überaus großen Anzahl von Fällen, bei denen während der Geburt die Sonne im Löwen und in Opposition zum Mond stand, konnte man Schielen diagnostizieren.

In der Liebe und der Ehe sind Löwen oft unglücklich, da ihre eigenen, hohen Ansprüche an Eigenschaften und Fähigkeiten, in Verbindung mit ihrem idealistischen, emotionalen Naturell, den auserwählten Subjekten ihrer Hingabe entsprechende Attribute nur aufprojiziert. Entsprechend oft sind sie enttäuscht und irren in ihren Beurteilungen; glücklicherweise aber ist große Sympathie, Toleranz und Nachsicht gegenüber den Gefühlen anderer bei ihnen so ausgeprägt, dass sie sich in ihren unharmonischen Ehen oft Umständen und Bedingungen beugen, die fast nicht auszuhalten sind. Unentwickelte, oder von anderen Planeten schlecht aspektierte Löwen, entarten gerne zu großspurigen Angebern oder ruchlosen Investoren, die in ihren Bemühungen, populär und auffällig zu werden, keine Torheit scheuen; sie gehen voll ins Risiko und verlieren Unsummen durch sorglose Spekulationen – wobei sie im Nachhinein bei der Umgehung der Konsequenzen ihrer Unbedachtsamkeiten umso erfolgreicher sind. Ihre Vielseitigkeit und Genialität lässt Löwen oft Künstler, Schauspieler, Schriftsteller, Offiziere, Aktienhändler, Erfinder, Goldschmiede. Juweliere oder Händler von Modeartikeln werden. Gerne unterstellt man diesem Zeichen künstlerisches Talent, allerdings ist das nicht immer gerechtfertigt. Löwen besitzen zwar ausnahmslos einen feinen Sinn für Kunst und erfreuen sich an schönen und harmonischen Umgebungen, die ausführende Fähigkeit ist aber dennoch nur manchmal gegeben.

Die harmonischsten Freundschaften, Partnerschaften oder Ehen führen Löwen mit Widdern, Schützen, Waagen und Zwillingen.

Glückssteine

Die Glückssteine dieses Hauses sind Sardonyx, Chrysolith, Turmalin und Bernstein.

Der Sardonyx

Der Sardonyx ist ein Edelstein von kräftiger, rotbrauner Färbung, dessen Spitze aus einer weißen Schicht Chalcedons, oder Sard, besteht, welches wiederum dem darunter liegenden Teil des Steins ein bleiches, fleischfarbiges Aussehen verleiht. Steine, die ohne die weißliche Spitze gefunden werden, nennt man Karneole.

Der Name Sard stammt aus dem Griechischen, bedeutet „Fleisch" und entspricht dem Edelstein, den die antiken Völker Sardius nannten.

Die schönsten Sardonyxe findet man in Indien und Arabien, aber auch in Deutschland oder Tirol. Man kann sie hervorragend gravieren, da sich ihre harte, glatte Oberfläche leicht auf Hochglanz polieren lässt. In alten Gemmen dient der Unterstein oft als Grund, während in die leichtere Spitze Figuren geschnitzt wurden, deren unterschiedliche Tiefen dem Stein eine große Vielfalt verliehen. Diese Eigenschaft machte den Stein bei den Römern, die glaubten, dass eine passenden Gravierung die Kräfte des Steins verstärken würde, sehr beliebt. Um seinen Träger, zum Beispiel, mutiger oder furchtloser werden zu lassen, wurde der Sardonyx oft mit Figuren graviert, die Mars oder Herkules darstellten.

Ebenso glaubte man, dass die Edelsteine, ähnlich den Agaten, die Kraft hätten, ihre Träger vor Infektionskrankheiten und den Bissen giftiger Kreaturen zu schützen – besonders vor Skorpionen; wenn man den Sardonyx um den Hals trug, sollte er Schmerzen lindern, Selbstkontrolle verleihen, Freunde anziehen, eheliche Freude sichern und Erfolg in rechtlichen Dingen garantieren. Camillus Leonardus sagte, dass er denen, die zur Genusssucht neigten, Beherrschung auferlegen und einen Menschen generell als Freund angenehm erscheinen lassen würde.

Der Chrysolith

Der Chrysolith ist ein sehr schöner, gelblich-grüner Edelstein, der seinen Namen von dem griechischen Wort für „goldener Stein" ableitet, was uns zumindest Plinius so bestätigt. Er kommt in verschiedenen Variationen vor und trägt jedes Mal, obwohl ein und derselbe Stein, einen anderen Namen: ist er leuchtend grün, nennt man ihn Peridot, ist er eher oliv-grün, ist er als Olivin bekannt. Er gehört zu den weichsten Edelsteinen und man kann ihn mit Quarz einritzen.

Die Steine finden sich in Ägypten, Ceylon und Brasilien, aber einzelne Exemplare wurden auch in Meteoriten oder der Lava des Vesuvs entdeckt.

Der Peridot, dessen Name auf Arabisch „edler Stein" bedeutet, wurde von den antiken Völkern hoch geschätzt und zu Zeiten als wertvoller erachtet als der Diamant. Beides waren die einzigen Edelsteine, die die Römer in transparenter Form trugen. Man sagte ihnen Schutz vor Zauberei, Melancholie und Illusion nach. Marbodus meinte, man sollte sie in Gold fassen (Gold war das Edelmetall der Sonne), um die verschiedensten Schrecken der Nacht abzuwehren.

Im Mittelalter trug man die Steine, um eine Voraussicht auf zukünftige Geschehnisse zu erhalten und um göttliche Eingaben und Sprachgewandtheit zu erlangen.

Der Turmalin

Der Gebrauch des Turmalins als Edelstein ist in Europa von vergleichsweise jungem Ursprung. Er ist sehr bemerkenswert wegen seiner elektrischen Eigenschaften. Ist er aufgeheizt, wird ein Ende positiv und zieht zum Beispiel Stroh oder Asche an, während das andere negativ und nicht anziehend wird.

In eine Richtung ist er durchscheinend, dreht man ihn aber um, erscheint er eher milchig.

Man kann ihn in Indien, Sibirien, Brasilien und Nordamerika finden, und das in allen möglichen Farben und Schattierungen, wie zum Beispiel rot, pink ,gelb, grün oder weiß; es ist auch möglich, dass ein Kristall zwei Farben trägt und am einen Ende grün und am anderen Ende rot ist. Möglicherweise ist dies der Stein, den Plinius als Lychnis beschreibt, und der durch seine Empfänglichkeit für solare Einflüsse kleine Partikel Spreu anzieht, wenn ihn die Sonne erhitzt hat. Der Römer schrieb ihm die Fähigkeiten zu, „Ängste und melancholische Strömungen aufzulösen." Man trug ihn, um Inspiration herbeizuführen, Gefälligkeiten und Vorteile zu erhalten und Freundschaften zu sichern.

Der Bernstein

Bernstein ist der Menschheit schon seit der Urzeit bekannt. Ornamente, die von Menschen des Steinzeitalters aus diesem Material geformt wurden, beweisen dies eindeutig. Aus vergangenen Tagen sind noch viele kreative Theorien über den Ursprung des Bernsteins überliefert, darunter auch die des Nicias, die besagt, dass die Hitze der Sonne in einigen Regionen der Erde so groß gewesen sein muss, dass diese angefangen hat zu schwitzen und den Bernstein geformt hat. Die Griechen wiederum hielten es mit der Legende, dass die Schwestern des Phaethon dafür verantwortlich waren. Diese wurden nämlich aus Gram über den Tod ihres Bruders zu Pappeln, und deren unaufhörliche Tränen wiederum zu Bernstein. Plinius vermutete, dass das Material aus dem überfließenden Pflanzensaft der Bäume stammt, daher der Name *Succinum*, abgeleitet aus einem Wort, das „Saft" bedeutet. Die moderne Forschung hat diesen pflanzlichen Ursprung bestätigt und bewiesen, dass Bernstein das fossile Harz einer ausgestorbenen Kieferart des Tertiärs ist.

Bernstein kann in großen Mengen an den Küsten des Baltikums gefunden werden. Früher besaß Deutschland das strenge Monopol auf dem Handel. Auch an den Küsten Dänemarks, Norwegens, Schwedens, Teilen Asiens und der Vereinigten Staaten wird Bernstein gefunden, ebenso in Essex, Suffolk und Norfolk in Großbritannien. Er ist sehr leicht und weich und besitzt ebenfalls bemerkenswerte elektronische Fähigkeiten unter Hitzeeinwirkung. Die Insekten und Pflanzen, die man in ihm finden kann und die sehr oft ausgestorbenen Gattungen angehören, beweisen, dass der Stein einst flüssig gewesen sein muss. Diese Funde erregten bei den Römern viel Aufmerksamkeit und gaben Plinius zweifellos die Grundlage für seine Theorie des Ursprungs.

Während der Herrschaft des Kaisers Nero, der in einem Gedicht das Haar seiner Frau als bernsteinfarben bezeichnet hatte, wurden große Mengen nach Rom eingeführt und verursachten großen Wetteifer unter den Damen des Hofes, die sich die begehrte und modische Farbe sichern wollten. Bernstein, als auch die Pflanze Alpenveilchen, erhielten den Namen *Amuletum*, da beide die Kraft hatten, vor Giften, Hexerei und Zauberei zu schützen.

Die Bandbreite der medizinischen Kräfte Bernsteins ist sehr groß. Callistratus schrieb ihm große Dienste bei Geisteskrankheiten in jedem Alter zu, entweder durch Einnahme als Puder oder als Amulett um den Hals getragen. Die goldgelbe Variation mit Namen Chryselutum soll besonders gegen Malaria geholfen haben. Hochwürden C. W. King schreibt, dass „das Tragen eines Bernsteinhalsbandes die dafür empfänglichen Leute vor Halsentzündungen schützen soll" und „dass wiederholte Experimente daran keinen Zweifel lassen würden. Die genaue Funktionsweise kann hier nicht erklärt werden, aber seine Effizienz gegen Halsweh und -entzündungen liegt offenbar an seiner extremen Wärme, die er bei Kontakt mit der Haut entfaltet, und dem daraus resultierenden elektrischen Kreislauf." Weiter sagt er: „Zu Zeiten des Plinius wurde Bernstein verbreitet von den Transpadanischen Frauen der Lombardei und des Piemonts um den Hals getragen, teilweise zur Zierde, teilweise aber auch als Prophylaktikum gegen Kröpfe, die, aufgrund des harten Wassers, das die Frauen tranken, dort alltäglich waren.

Bernstein wurde auch als Schutz vor Taubheit getragen, gegen Verdauungsbeschwerden, Katarrhe, Gelbsucht, Zahnverlust durch Parodontose und bei Kindern als Amulett gegen Krämpfe beim Zahnen.

Seine Beliebtheit als Mundstück von Pfeifen, Zigaretten- und Zigarrenhaltern entstammt dem in östlichen Ländern verbreiteten Glauben, dass Bernstein keine Infektionen übertragen kann. Schon seit Urgedenken und bis zum heutigen Tag ist das Material in China, Japan, Indien und anderen östlichen Ländern in Mode und sehr beliebt.

Die Chinesen benutzen ihn extensiv beim Räuchern und er wird auch bei der Produktion einiger Parfüme und medizinischer Pasten eingesetzt.

Topas

Der gelbe Topas ist ebenfalls ein Stein dieses Hauses, aber eigentlich gehört er mehr zum Schützen und wird im zugehörigen Buch näher erörtert.

Alle gelben und gelblichen Steine stehen mehr oder weniger unter dem Einfluss der Sonne, die, wie schon erwähnt, das Haus des Löwen regiert.

In den Zeichen Stier und Skorpion geborene Menschen sollten vom Gebrauch eines Sardonyx, Chryolithen, Turmalins, Bernsteins oder gelben Topas Abstand nehmen.

JUNGFRAU

Astrologisches

Die Sonne tritt am 24. August in das Haus des Tierkreiszeichens der Jungfrau ein, das vom Planeten Merkur regiert wird, und verbleibt dort ungefähr bis zum 22. September. Das Sternbild, das die Position der Jungfrau am Himmel markiert, wurde von den Babyloniern "Kornähre" genannt und entsprechend von drei Ähren symbolisiert. Ebenso benutzten sie die Gestalt einer Jungfrau, die Weizen in ihrer Hand hält. Diese Figur repräsentiert eine Ährenleserin, da der Hauptstern der Gruppe, Spica, der Sonne sehr nahe steht, wenn in den gemäßigten Breiten die Ernte beginnt.

In der antiken Mythologie wird die Jungfrau durch Ceres oder Isis repräsentiert, typischerweise eine großgewachsene Frau mit goldenem Haar und einer Krone aus Getreide, die Weizen und Mohn in ihrer rechten Hand, sowie eine Sichel, eine Fackel oder den Hermesstab in ihrer linken Hand trägt. In modernen Bildern, in denen das Sternbild Jungfrau auch die Jungfrau Maria repräsentiert, ersetzt die Lilie den Weizen und den Mohn.

Ceres war die Göttin der Ernte und der Früchte. Ihr Name leitet sich ab von der Sorgfalt, die sie beim Anbau und der Konservierung an den Tag legte. Angeblich hat sie die Kunst des Ackerbaus erfunden und wurde für ihre Dienste mit der Weizenkrone belohnt. Den Mohn erhielt sie von Jupiter, um ihr Schlaf und Vergessen zu bescheren, da sie nach dem Verlust ihrer Tochter Proserpine nicht mehr ruhen konnte. Die Fackel wurde in den Flammen des Ätna entzündet und half ihr, die Verlorene auf der ganzen Welt zu suchen.

In sehr alten Tierkreisen werden zehn Häuser abgebildet, da das Haus des Skorpions die Position einnahm, die nunmehr von der Jungfrau und der Waage eingenommen wird; zuerst wurde es in zwei Hälften geteilt, Skorpion und Jungfrau, anschließend wurde es erneut geteilt und die Waage dazwischen geschoben, wodurch schließlich der Tierkreis von zwölf Häusern, so wie wir ihn kennen, entstanden ist.

Einige Koryphäen glauben, dass das Symbol der Jungfrau von dem des Skorpions abgeleitet wurde. Vergleicht man die zwei, wird die Ähnlichkeit schnell ersichtlich. Man glaubt, dass beim Entstehen der hebräischen Sprache das Symbol der Jungfrau genommen wurde, um den Namen Jehovah zu bilden. יהוה Yod-he-vau-he, von rechts nach links gelesen.

Wie schon weiter oben angedeutet, wird das Sternzeichen Jungfrau auch von der Jungfrau Maria verkörpert, und es ist erwähnenswert, dass der Gründer des antiken Paris an die Macht und den Einfluss der Himmelskörper geglaubt hat und die Stadt nach dem alten Astrologen Para-Isis benannt hat – was auf Phönizisch "Stern des Seins", oder "der Existenz", bedeutet. Eine Bestätigung dessen findet sich heute noch in der Kathedrale von Notre Dame. Wenn man diese von Norden her betritt, findet man unter den Tierkreiszeichen, die sich auf der Fassade befinden, als sechstes Zeichen eine Darstellung der Jungfrau, die sich über alle anderen erhebt. Angeblich wurde die Jungfrau Maria geboren, als die Sonne im sechsten Zeichen stand. Viele ihr zugeschriebenen Attribute korrespondieren mit denen, die eine im Tierkreiszeichen der Jungfrau geborene Person trägt.

Persönliches

Dieses Haus wurde als idealer Signifikator für Jungfrauen erachtet, da alle unter diesem Zeichen Geborenen kühl, geduldig und voller Selbstachtung sind und sich normalerweise nicht durch hemmungslose Hingabe in die Irre führen lassen; da Merkur der regierende Planet dieses Hauses als auch dessen der Zwillinge ist, stehend beide Zeichen typisierend für Jugend und Reinheit und werden entsprechend von den Zwillingskindern beziehungsweise der jungfräulichen Maid repräsentiert.

Eine der interessantesten Ausprägungen des Zeichens Jungfrau ist, dass es jedem unter seinem Einfluss Geborenen die Qualitäten des Planeten verleiht, der zum Zeitpunkt der Geburt gerade die dominante Position im Horoskop eingenommen hatte – und dies, ohne die eigentlichen Eigenschaften zu mindern; nimmt, zum Beispiel, die Sonne eine stärkere Position ein als der natürliche Regent Merkur, werden der soziale und finanzielle Stand in der Gesellschaft aufgehellt und die grundlegenden Qualitäten der Jungfrau verstärkt und belebt. Im Falle eines nachteiligen Aspekts durch einen abträglichen Planeten werden entsprechend Unglück und Enttäuschung akzentuiert. Die Auswirkungen dieser komplexen Mischung von Einflüssen sind so nachhaltig, dass es unmöglich ist, diesen Typus Mensch zu beurteilen, ohne sein Geburtshoroskop gesehen zu haben – obwohl man immer einige der nun folgenden, grundlegenden Charakteristiken bei Menschen finden wird, die unter dem Einfluss der Sonne geboren wurden, während diese das Zeichen der Jungfrau durchlief.

Wenn der Planet Merkur stark im Horoskop vertreten ist, verleiht er große Vielseitigkeit und eine Begabung für Zahlen und Geschäfte im Allgemeinen. Ebenso verstärkt er die kritischen und beobachtenden Fähigkeiten, die einen Menschen für schwere Studiengänge qualifizieren und ihn in beruflichen, wie auch finanziellen Transaktionen erfolgreich und effizient machen. Diese Menschen sind sehr neugierig und interessiert an neuen Ideen und Erfindungen oder Hobbies aller Art. Mancher Sammler von Münzen oder ähnlichem wurde im Zeichen der Jungfrau geboren. Steht der Mars in diesem Haus, verleiht er diesen leicht beeindruckbaren Subjekten rastlose Aktivität und lässt sie oft ihre Freunde und Beziehungen wechseln; ebenso bringt er Ideenreichtum bei Notfällen, große Schlagfertigkeit, eine Neigung zu beißendem Sarkasmus, sowie Bereitwilligkeit und Scharfsinn bei neuen Plänen und Ideen mit sich.

Der Einfluss des Saturns macht den Verstand hartnäckiger und weniger beeindruckbar; daraus folgen eine geringere Neigung zum sozial eingebundenen Leben und ein Vorzug des abgeschiedenen, ja sogar klösterlichen Lebens. Viele Priester wurden unter dem Einfluss des Saturns geboren.

Die im Zeichen der Jungfrau Geborenen besitzen eine ausgeprägte Individualität, sind geistreich, ordentlich und methodisch; was auch immer ihre Vorhaben sind, die Fertigkeiten dazu sind außerordentlich hoch. Sie haben die Macht, das Praktische mit dem Ideellen zu kombinieren und ihre scharfe Auffassungsgabe lässt sie die hervorstechenden Merkmale eines Objekts oder einer Handlung rasend schnell erfassen. Dies macht sie zu bewundernswerten Imitatoren; gleichzeitig sind sie sehr empfindsam gegenüber den Meinungen anderer und sehr enttäuscht, wenn ihre Bemühungen zu unterhalten oder zu gefallen nicht erkannt werden. Im Gegensatz zu den Zwillingen, die viel beginnen und wenig zu Ende bringen, hassen Jungfrauen es, ihre

Arbeiten unvollendet zu lassen oder gar anderen die Aufgabe zu übertragen, das fertigzustellen, was sie begonnen haben. Eine der bemerkenswertesten Charakteristiken ist die Missbilligung und Verurteilung der Methoden und Vorschläge anderer Menschen. Jungfrauen finden beliebig viele Gründe, die Dinge auf ihre Art zu regeln – und diese Art steht meist im krassen Gegensatz zu der anderer Leute. Dieser Charakterzug lässt sie oft Freunde verlieren. Obwohl sie selbst kritisch sind, sind sie hochempfindlich und messen Bemerkungen oder Kommentaren generell extremste Signifikanz zu.

Ganz egal, in welche Richtung seine Aktivitäten diesen Typus tragen werden, die Jungfrau wird immer geistige Freiheit suchen. Obwohl sie eine Zeit lang einen Gedanken oder eine Gewohnheit verfolgt, ist es immer möglich, dass sie ihre Ansichten von jetzt auf nachher ändert oder vollständig verwirft; oft mit unzufrieden stellenden Ergebnissen, aber immer mit ausreichend Rechtfertigung vor sich selbst.

Begeisterten Plänen ihrer Freunde und Familie gegenüber sind sie nicht sehr reaktionsfreudig, was besonders der guten Laune von Feuerzeichen einen gehörigen Dämpfer versetzen kann.

Ihr Temperament, das sie oft wegen Kleinigkeiten verärgert und irritiert sein lässt, ist schwer zu ergründen. Sie sind leicht zu erzürnen und verzeihen nur langsam, bleiben meist abweisend und unterkühlt, bis die andere Seite einen Schritt auf sie zu macht.

Verheiratete Jungfrauen sind, in der Regel, treu und beständig. Obwohl sie ihre Zuneigung selten zeigen, ist diese doch tief und innig. Sie stehen zu denen, die sie lieben und halten mit diesen auch schwierige Situationen aus. Am wenigsten harmonisch verlaufen Beziehungen zu Schützen und Zwillingen.

Die im Zeichen der Jungfrau Geborenen stellen sich gut mit denen, die wohlhabend oder in exponierter gesellschaftlicher Position sind. Sowohl ihr Temperament als auch ihre Fähigkeiten lassen sie erfolgreiche Regierungsbeamte, Minister, Anwälte, Bankangestellte, Ärzte, Autoren, Philosophen, Schauspieler, Chemiker, Makler, Rektoren, Krankenhausschwestern oder Uhrmacher werden. Oft verrichten sie ihre Arbeit am besten, wenn sie auf sich alleine gestellt sind.

Wie man durch die mentale Aktivität dieses Zeichens leicht erraten wird, liegen die hauptsächlichen Beschwerden der Jungfrauen im Bereich des Nervensystems. Sorgen oder Ängste schlagen sich als Verdauungsstörungen, allgemeine Debilität oder Neuralgien nieder; sie sind empfänglich für Beschwerden des Magenbereichs und Blasenschwäche und fühlen atmosphärische Veränderungen sehr intensiv. Ihre Fähigkeiten, sich zu erholen, sind bezeichnend und oft gesunden sie ohne die Hilfe von Ärzten, Medikamenten oder Patentrezepten, obwohl letztere eine große Anziehungskraft auf sie ausüben. Glücklicherweise sind sie sehr wählerisch bezüglich der Reinheit und Gesundheit ihrer Ernährung, so dass es in diesem Zeichen viele Vegetarier gibt. Kinder dieses Zeichens sollten immer gefördert und nie unterdrückt werden. Besondere Aufmerksamkeit verlangen die Füße, die von Natur aus zart sind und von schlecht sitzenden Stiefeln und Schuhen leicht verformt werden können, was bis zur Lahmheit führen kann. Die Jungfrau steht in Opposition zu den Fischen, welche die Füße regieren, und verleiht dadurch diesen Extremitäten äußerste Empfindlichkeit.

Die Jungfrau besitzt eine große Vorliebe für die Natur und beobachtet gerne Vögel und Insekten, besonders Bienen, die auf besondere Art und Weise mit diesem Zeichen verbunden zu sein scheinen. Alles, mit dem sich reisen lässt oder sich schnell bewegt, interessiert sie ebenfalls.

In einer Partnerschaft harmonieren Jungfrauen am besten mit Steinböcken, Krebsen und Skorpionen. Ihre Glückssteine sind der Karneol und der Jade.

Glückssteine

Der Karneol

Der Karneol ist eine Abart des Chalzedons und wird in leuchtend roter, gelber und weißer Farbe verschiedenster Ausprägungen gefunden, oft sind auch zwei oder alle Farben kombiniert vorhanden. Setzt man den Stein der Sonne aus, wird die Farbe kräftiger und tiefer, obwohl künstliches Licht oder Hitze diesen Effekt nicht replizieren können. Der Karneol kann sehr hoch poliert werden. Diese Qualität, neben seiner Härte, ließ Plinius den Karneol über alle anderen Steine, die als Siegel verwendet wurden, loben. Die schönsten Exemplare kommen aus Indien, aber Karneole werden auch in Neuseeland oder verschiedenen Teilen Europas gefunden. Ihre Popularität bestand sowohl in der Alten, als auch der Neuen Welt, und auch die Ägypter, die ein ganzes Kapitel ihres *Buchs der Toten* dem aus Karneol bestehenden Isisknoten widmeten, machten ausführlich Gebrauch von dem Edelstein, der immer wieder in Halsbändern und Haarschmuck gefunden wird.

In Arabien als auch der gesamten Türkei werden Karneole als die Steine geachtet, die sich am besten als Glücksbringer eigneten. In einigen europäischen Gebieten, die unter türkischer Herrschaft standen, war es sogar Brauch, dass die Moslems die Steine einem christlichen Geistlichen zur Segnung brachten, um ihre Wirksamkeit noch weiter zu erhöhen. Die tiefroten Steine waren die am meisten gepriesenen und wurden oft mit Suren aus dem Koran graviert; in den fremden Religionen gewidmeten Abteilungen des Britischen Museums finden sich einige dieser Exemplare.

Reverend C. W. King, beschreibt in seinem Werk über antike Edelsteine einen Karneol, den Napoleon Bonaparte während seines Feldzuges in Ägypten fand, und fortan immer als Siegel an seiner Uhrenkette bei sich trug. Das Siegel war achteckig und trug die folgende Inschrift in arabischer Schrift:

"Der Sklave Abraham vertraut auf den Gnädigen (Gott)."

In den orientalischen Ländern herrschte der Glaube, dass der Karneol vor Hexerei schützen und das Böse Auge abwenden konnte, indem er den Blick der Neidischen abwehrte; ebenso sollte er vor Krankheit, besonders der Pest, schützen – ein Glaube, den auch die Hebräer teilten.

Marbod, ein Schriftsteller des 11. Jahrhunderts, erklärte, dass der Stein einen lindernden Effekt hatte, wenn man ihn an Hals oder Finger trug. Er sollte das Blut kühlen und "böse Leidenschaften stillen", Eintracht fördern und böse Gedanken vertreiben; Camillus Leonardus fügt seinen Kräften den Schutz vor Blitz und Sturm zu, vor Arglist und Zauberkunst, Blutvergiftung und Fieber – ebenso sei er der Blutgerinnung förderlich gewesen. Marcellus Empiricus nennt ihn in seinem Rezept zur Anfertigung eines Amuletts gegen Brustfellentzündung den "Skythischen Jaspis".

In Spanien wurde er besonders zur Förderung des Muts und der Redegewandtheit getragen, ebenso, um die Stimme zu stärken. In China wurde er hochgepriesen, dem Magen förderlich zu sein, der bei den in der Jungfrau geborenen Menschen besonders schwach ist.

Weiße Karneole, manchmal kunstvoll mit Schnitzereien versehen, waren bei den Damen des antiken Griechenlands sehr beliebt. Sie trugen sie als Haarschmuck und als Talismane gegen Rheumatismus und Neuralgien.

Im zweiten Band von "Isis Entschleiert" erwähnt Madame Blavatsky einen Karneol, der im Besitz eines tatarischen Schamanen war, der ihr als Reiseführer diente. Durch die Kraft des Steines konnte der Astralkörper des Schamanen nicht nur immer dorthin reisen, wohin ihn Madame Blavatskys Gedanken dirigierten, sondern ihr auch die astrale Form einer rumänischen Edelfrau überbringen; außerdem trug er zu ihrer Rettung aus der Wüste bei, indem er einen Trupp der Kutchi aus Lhasa zu ihnen führte.

Der Jade

Jade, auch Nephrit genannt, ist ein sehr harter Stein, der in seiner Farbe zwischen Weiß und tiefem Grün variiert. Einige Exemplare sind durchscheinend und andere, besonders die in Neuseeland gefundenen, lichtundurchlässig. Die Chinesen halten den Stein in großer Achtung und tragen ihn geschnitzt als Fledermaus, Birne, Storch etc. als Talisman für Langlebigkeit.

Die edelsten Jadesteine kommen aus China, sie werden aber auch in Neuseeland, Mexiko und Turkestan gefunden.

Bei asiatischen Völkern war der Stein immer sehr beliebt und wurde als Schutz vor Unfällen, Verletzungen und vor Hexerei getragen.

Unter den Griechen und Römern wurde der Stein als Abwehr gegen Opthalmie und Epilepsie getragen und generell als besonders wirksam gegen Magen- und Nierenkrankheiten erachtet. Der Name Nephrit leitet sich von einem griechischen Wort für "Nieren" ab. Galenos berichtet, dass ein Halsband, das er trug, ihn von Magenschmerzen befreite. Die Wirksamkeit der Jade in dieser Richtung war sogar bis nach Südamerika bekannt, denn als Pizarro Mexiko eroberte, stellte er fest, dass die Einheimischen diesem Stein eine wohltuende Wirkung gegen Nierenleiden zuschrieben. Sir Walter Raleigh beschreibt während seiner Entdeckung von Guyana, dass die Einwohner Jade gegen Magenschmerzen und

Blasensteine einsetzten. Humboldt schreibt das gleiche über Einheimische, die links und rechts des Orinokos siedelten.

Auch die Ägypter kannten Jade. Ein Talisman in Form eines Axtkopfes, der auf beiden Seiten mit gnostischen Zeichen graviert ist, findet sich in den Ägyptischen Galerien des Britischen Museums.

Jade ist im Wesentlichen der Stein Neuseelands. Die Maoris betrachten ihn als heilig und schnitzen ihren berühmten Talisman, das Tiki, ausnahmslos aus Jade. Das Tiki wird um den Hals getragen als Schutz vor Hexenkraft und ähnelt einer grotesken Darstellung eines menschlichen Körpers, den Kopf gebeugt auf der linken oder rechten Schulter ruhend, als ob er lauschen würde; es wurde als kostbares, religiöses Erbstück von Vater zu Sohn vererbt und sorgfältige Vorkehrungen getroffen, dass das Tiki nicht in die Hände von Fremden fällt. Es galt als Verkörperung der Qualitäten und Tugenden aller Vorfahren und musste unbedingt mit dem letzten männlichen Vertreter einer Familie bestattet werden.

In der Ethnographischen Galerie des Britischen Museums finden sich einige besonders schöne Exemplare.

Jade ist auch unter heutigen Sportlern, besonders bei Rennläufern, ein beliebter Glücksbringer. Weder Jade noch Karneol sollten jemals von Schützen oder Zwillingen getragen werden.

WAAGE

Astrologisches

Die Sonne tritt ungefähr am 23. September in das siebte Haus des Tierkreises, die Waage (lat. Libra), die gleichzeitig den Beginn des Herbstäquinoktiums darstellt, ein und verbleibt dort bis circa zum 24. Oktober.

Das Haus wird vom Planeten Venus regiert und von einer Waage symbolisiert. Als Sternbild ist die Waage nur schwer zu erkennen und erscheint im Juni ungefähr zur Mitternacht am Meridian, wo sie zwischen den Sternbildern Jungfrau im Westen und dem Skorpion im Osten liegt.

Sie ist das erste der Herbstzeichen und mit dem Eintritt der Sonne in die Waage wird auch das Gleichgewicht der Zeiten hergestellt, da Tage und Nächte nun gleich lang sind. Dies wäre ein praktischer Grund für den Namen, obwohl es für diese Annahme keine ausreichenden Belege gibt.

In den frühesten Tierkreisen war die Waage noch nicht inkludiert, und wie ihr Vorgänger betitelt war und wann dieser verloren ging, kann heute nicht mehr bestimmt werden, obwohl in einigen archaischen Aufzeichnungen auf auf einen siebten Monat hingewiesen wird, der dort am Himmel stand, wo sich die Klauen des Skorpions befinden.

Man glaubt, dass das Zeichen bei den Ägyptern als Zugon, oder das Joch, bekannt war und nur durch den Ausleger der Waage repräsentiert wurde. Es sollte das Nilometer verkörpern, das Instrument, mit dem die Überflutungen des Nils gemessen werden konnten. Nach einigen akkadischen Aufzeichnungen war der Name des siebten Monats Tul-ku, was soviel wie Heiliger Altar bedeutet, und es ist interessant zu wissen, dass sowohl die Altäre der ersten als auch der zweiten Tempel dem siebten Monat gewidmet wurden, was wiederum Anlass zu der Annahme gibt, dass das Symbol für diese Periode ursprünglich die Form eines Altars hatte. Bemerkenswert ist auch die Tatsache, dass die Waage das einzige Symbol des Tierkreises ist, das von keinem Lebewesen hergeleitet wird.

Persönliches

Menschen, die unter dem Einfluss der Waage geboren wurden, sind bekannt für ihre vergleichenden Qualitäten; sie haben die Fähigkeit, im Geist Dinge in einer Art und Weise zu gewichten und abzugleichen, wie es kein anderes Tierkreiszeichen vermag. Bedingt durch ihre außerordentlichen, intuitiven und empfindsamen Fähigkeiten, sind sie besonders empfänglich für die Gedanken anderer und können oft unterbewusst deren Gefühle und Absichten spüren, bevor auch nur ein Wort gefallen ist.

In religiösen Dingen nehmen sie für sich eine individuelle Gedankenfreiheit in Anspruch und scheinen die am wenigsten abweisenden und tolerantesten Geschöpfe unter allen Klassen und Religionen zu sein. Sie können als Verbindungsglieder zwischen verschiedenen Sekten und Glaubensrichtungen dienen, die ohne ihre Mediation vermutlich ständig uneins wären. Waagen bringen Menschen unter dem Band der Bruderschaft zusammen, zwängen anderen aber niemals ungefragt ihre eigenen Überzeugungen und Meinungen auf.

Obwohl sie in allen intellektuellen Dingen sehr begabt sind und vielen Interessen nachgehen, sind Menschen dieses Zeichens selten vor der Mitte ihres Lebens erfolgreich und scheinen ständig von ihrer Unentschlossenheit, zu der sie neigen, zurückgeworfen zu werden. Sie leben von Tag zu Tag, erwägen Veränderungen, unterwerfen sich aber Jahre lang dem Joch der äußeren Bedingungen und ihrer Umgebung, bis eines Tages unvorhergesehene Umstände ihr Einerlei aufbrechen und sie in neue Gegebenheiten zwingen.

Der Planet Saturn, der seinen höchsten Stand in diesem Haus verzeichnet, und seltsamerweise immer wieder das Horoskop dieses Typs trübt, verringert den Einfluss der natürlichen Herrscherin Venus und verleiht einen Tick Launenhaftigkeit und Unzufriedenheit, die der Entwicklung abträglich sind. Wenn sie frei sind von nachteiligen Einflüssen des Saturns und mit einer Bildung bewaffnet, die für die Entwicklung ihres Berufs oder ihrer Berufung maßgeschneidert wurde, erreichen Waagen die höchsten Positionen und wanken nicht, wenn sie sich einmal entschieden haben.

Sie sind unparteiisch und akribisch, aber, obwohl sie eifrig Arbeiten für andere tun können und wollen, heben sich zu selten ab, wenn ihre Anstrengungen nur zu ihrem eigenen Wohl oder eigenen Vorteil sind; außerdem neigen sie dazu, das Schicksal so zu akzeptieren, wie es kommt.

Ihr starker Hang zu Gemeinschaft und ihre sympathische Teilnahme macht Waagen, mehr als alle anderen Häuser des Tierkreises, zu idealen Heiratspartnern. Die Selbstlosigkeit dieser Subjekte nimmt ihre höchste Ausprägung an, wenn sie in ihren Gewohnheiten und Geschmäckern von denen bestätigt werden, die sie am meisten lieben. Sie sind die am wenigsten dazu geeigneten Menschen alleine zu leben, obwohl sie sich in ruhigen Umgebungen, wie zum Beispiel in den Bergen oder auf sonnigen Wiesen, und mit genug Zeit zum Studieren und Lesen, weit weg vom Krach und der Unruhe der Städte, am wohlsten fühlen. Sie interessieren sich sehr für Botanik und den Anbau alter Blumen und Pflanzen. Selbst im Alter verlieren sie diese Interessen nicht, obwohl sie immer soziale Konventionen und emotionale Erregung ablehnen.

In Liebes- und Hochzeitsangelegenheiten sind sie hingebungsvoll und leidenschaftlich, da die Menschen dieses Zeichens in der Lage sind, einvernehmlich mit jedem anderen Zeichen zu leben. Die harmonischsten Beziehungen führen sie mit Zwillingen, Löwen und Schützen, während das Leben mit Krebsen und Steinböcken am wenigsten harmonisch verläuft. In der Regel ist die Waage von höflicher und umgänglicher Veranlagung, gerne bereit Gefallen zu tun, aber absolut jedem Versuch abgeneigt, anderen ihre Natur aufzuzwängen. Im Zusammenhang mit diesem Wesenszug sei erwähnt, dass China und Japan, zwei Länder, die typischerweise für Höflichkeit stehen, im Zeichen der Waage stehen.

Das Temperament dieses Typus ist in der Regel ausgeglichen. Meist sind Waagen nachsichtig gegenüber Fehlern anderer, ihr Umgangston kann aber auch mal scharf und schneidend werden, wenn sie gereizt werden. Sie lassen nichts von dem, was sie fühlen, unausgesprochen, sind dabei aber niemals boshaft.

Sie sind auch bei kleinen Dingen wählerisch und penibel, haben aber auch die Veranlagung, Sachen zu verlieren oder zu verlegen; da sie unglaublich anpassungsfähig sind und Reserven für Notfälle haben, ist so ein Verlust aber meist nicht sonderlich schlimm.

Um erfolgreich zu sein, sollten Waagen in einer Partnerschaft leben, oder einem Beruf oder Geschäften nachgehen, die weder monoton noch beschwerlich sind, da sie am besten in Übereinstimmung mit ihren Stimmungen arbeiten; wenn sie in Harmonie sind mit ihren Kollegen und ihrer Umgebung, sind sie gute Musiker, Künstler, Dichter, Rechtsanwälte, Komponisten, Designer, Bibliothekare, Botaniker, Landschaftsgärtner oder Floristen; sie eignen sich auch für mechanische oder Handelsberufe, letzteres speziell wenn Waren gekauft und schnell wieder verkauft werden können. Es ist interessant, dass dieses Zeichen im Allgemeinen Pech hat beim Glücksspiel oder allen anderen Angelegenheiten, bei denen es auf das Glück ankommt, obwohl es sich gut für Spekulationsgeschäfte eignet. Solange die Waage ihrer natürlichen Voraussicht folgt, wird sie nur ganz selten übers Ohr gehauen.

Die gesundheitlichen Schwachpunkte der Waage sind Probleme mit den Nieren, Rückenschmerzen, Störungen der Fortpflanzungsorgane, variköse Venen, Magenverstimmungen, Kopfschmerzen und Depressionen; ebenso können Probleme in der Lende auftauchen.

Die beste Medizin für sie sind Ruhe und frische Luft.

Glückssteine

Die Glückssteine dieses Hauses sind der Opal, die Koralle und der Lapislazuli.

Der Opal

Der Opal ist der schönste und geheimnisvollste aller Edelsteine, da er alle Farben des Regenbogens in seinem Innern trägt. Wenn das Licht über seine Oberfläche gleitet, blitzen und leuchten diese Farben wie Funken oder winzige Flammen und sind der Grund dafür, dass man den Opal treffend damit beschreibt, dass er die Schönheit aller anderer Steine in sich trägt. Er ist eine Abart des weichen Quarzes und das wunderschöne Farbenspiel wird von winzigen Luftpartikeln, die in seinen Spalten eingeschlossen sind, verursacht.

Die schönste Variation ist der Harlekin-Opal, bei dem die Färbung in unzähligen, sehr kleinen Flocken im gesamten Stein verteilt ist. Mexikanische Opale sind durchscheinender, die Färbung ist weniger deutlich zu sehen und auf viel größere Flecken verteilt; aus Mexiko kommen auch die einfarbigen Feueropale, unter denen die tiefroten Steine die schönsten sind, obwohl sie manchmal in der Färbung eher zu einem warmen Gelb neigen.

Opale sind sehr weich, wenn sie aus der Mine kommen, härten aber mit der Zeit aus. Wenn man sie schneidet oder in Schmuckstücke einsetzt, muss man sehr sorgfältig vorgehen, da sie sehr spröde sind und oft Stücke abplatzen.

Im 14. Jahrhundert war der Opal als Ophthalmius, oder Augenstein, bekannt, weil man glaubte, dass er das Augenlicht schärfen und stärken würde; auch sollten seine farbigen Feuerblitze den neidischen Blick abwehren. In Indien glaubt man, dass das Vorbeiführen eines Opals über den Augenbrauen das Gehirn aufhellen und das Gedächtnis schärfen wird.

Der Glaube, dass er ein Unglücksstein sei, hat seinen Ursprung in den Missgeschicken, die Anne von Geierstein, deren vornehmlicher Edelstein ein großer Opal war, in Sir Walter Scotts gleichnamiger Novelle passiert sind; tatsächlich bringen sie auch nicht mehr oder weniger Unglück als alle anderen Edelsteine auch, und obwohl sie die Steine der Waage und in erster Linie ein Gelöbnis der Freundschaft sind, sind sie auch für andere Menschen, deren Horoskop einen Bezug zur Venus hat, günstig. Im Osten wird der Opal als heiliger Stein, der den Geist der Wahrheit beherbergt, verehrt und im antiken Griechenland glaubte man, dass der Stein, vorausgesetzt man setzte ihn nicht selbstsüchtig ein, seinem Eigentümer die Macht der Voraussicht und das Licht der Prophezeiung verleihen würde; sein Missbrauch führt zu Pech in der Liebe, weswegen er auch nie in einen Verlobungsring eingesetzt werden sollte, sowie Enttäuschung und Unglück bei allen Unterfangen.

Um den hohen Wert des Steins zu verdeutlichen, erzählt uns Plinius, dass Nonnius, ein römischer Senator, lieber von Marc Anton verfemt und ins Exil geschickt wurde, als sich von einem Opal zu trennen, der in seinem Besitz war.

Alle Opale reagieren äußerst empfindlich auf atmosphärische Bedingungen und sind unterschiedlich brillant je nach Temperatur. Die Färbung kommt am besten zur Geltung, wenn man sie warm und trocken aufbewahrt. Antike Völker glaubten, dass ihre Empfindlichkeit die Steine empfänglich machte für okkulte Einflüsse; war die Farbe hell und leuchtend, interpretierte man sie als gutes Omen für Glück und Erfolg bei Unternehmungen oder

Reisen, war sie eher trüb und matt, warnte sie vor Misserfolgen und Enttäuschungen.

Die Koralle

Die Koralle wird seit undenklichen Zeiten von allen Völkern den Edelsteinen zugerechnet, obwohl sie, wie schon lange bekannt, ein maritimes Nesseltier ist.

Man findet sie in den verschiedensten Farben, von denen aber meist nur pink, rot und weiß für Schmuckstücke benutzt werden. Korallen leben in riesigen Mengen in der Südsee, wo sie gigantische Riffe und sogar Inseln bilden; dennoch werden fast alle Korallen, die für dekorative Zwecke verwendet werden, dem Mittelmeer und den afrikanischen Küsten entnommen. Griechenland unterhält dafür sogar eine eigene Flotte. Sie wird in großer Zahl nach China, Japan, Indien und den Mittleren Osten exportiert, wo sie nicht nur als Talisman, sondern auch wegen ihrer medizinischen Qualitäten geschätzt wird. Die antiken Griechen und Römer priesen die Koralle wegen ihrer verschiedenen Heilkräfte. Orpheus empfahl, dass man sie zermahlen und in frische Ansaaten streuen sollte, um diese vor Heuschrecken, Mehltau, Raupen und Stürmen zu schützen. Dioscorides attestierte ihm Wirksamkeit gegen die Täuschungen des Teufels; die Römer schließlich glaubten, dass er besonders günstig war für die Heilung von Kinderkrankheiten und trugen die Koralle in verschiedensten Arten von Glückbringern als Schutz vor Keuchhusten, Koliken, Anfällen und Beschwerden beim Zahnen. Die Glöckchenrassel, die heute noch in einigen Kinderkrippen eingesetzt wird, ist ein Überbleibsel aus dieser Zeit, als die Koralle aus Gesundheitsgründen und die Glöckchen als Abwehr gegen böse Geister getragen wurden. Die Römer setzten auch gemahlene Korallen, die in Wasser aufgelöst wurden, gegen Magenschmerzen ein und das verbrannte Pulver war wegen seiner lindernden und heilenden Eigenschaften ein wichtiger Bestandteil von Heilsalben gegen Geschwüre und trockene Augen. Die römische Damenwelt trug kleine Korallenäste um den Hals als Schutz vor Sterilität.

In Indien, China und Japan wird Koralle bevorzugt für Rosenkränze verwendet und ist besonders beliebt als überragendes Heilmittel gegen Cholera und andere Seuchen. Auch glaubt man dort, dass sie durch den Wechsel der Farben vor der Anwesenheit von Gift oder drohender Krankheit warnt. In Südeuropa werden Korallenketten getragen als Schutz vor dem bösen Blick.

Camillus Leonardus empfiehlt sie als Schutz vor bösen Geistern im Haus und um Sinnestäuschungen oder Albträume abzuwehren. Ebenso als Abhilfe bei Darmproblemen und Krankheiten der Milz. Heute noch wird die Koralle in Italien in Form von verschiedenen, geschnitzten Talismanen getragen, um den bösen Blick aufzuhalten.

Der Lapislazuli

Lapislazuli ist ein tiefblauer Stein, der schon den antiken Nationen bekannt war und aller Wahrscheinlichkeit nach der Stein, aus dem die biblischen Gesetztafeln waren. In der Bibel wird zwar von Saphiren gesprochen, es gibt aber kaum Zweifel darüber, dass der Lapislazuli gemeint war.

Er ist ein blickdichter Stein und manchmal mit goldenen Flecken gesprenkelt, die das Pyrit in seiner Zusammensetzung hervorruft.

Die schönsten Exemplare kommen aus China, dem Mittleren Osten und Sibirien, während die helleren und weniger wertvollen auch in Deutschland und Südamerika gefunden werden. Sein Name leitet sich von *Lapis*, was soviel wie "ein Stein" bedeutet, und dem arabischen Wort *Azul*, das für blau steht, ab.

Lapislazulis waren sehr beliebt bei den Ägyptern und viele ihrer Talismane wurden aus diesem Edelstein gefertigt, besonders das Auge und das Herz. Wegen seiner tiefblauen Farbe wurde er immer der Venus geweiht und im Christentum betrachtet man ihn als den Stein der Jungfrau Maria. Die Griechen und Römer setzten ihn sowohl für dekorative Zwecke, als auch als Heilmittel gegen Schlaganfälle, Epilepsien, Krankheiten der Milz sowie alle Arten von Haut- und Blutkrankheiten ein. Eine Halskette aus Lapislazuli-Kügelchen wurde als besonders hilfreich angesehen, den Mut scheuer Kinder zu fördern, Geisteskrankheiten und Melancholie zu heilen, sowie gleichzeitig Bindungen zu stärken, die Treue von Freuden zu sichern und Glück in der Liebe zu bringen.

Opal, Koralle und Lapislazuli sollten nicht von Krebsen und Steinböcken getragen werden.

SKORPION

Astrologisches
Der Skorpion bildet das achte Zeichen des Tierkreises und sitzt sehr tief am südlichen Horizont. Man kann ihn am besten spät in der Nacht in den Monaten Juli und August erkennen und er wird von der Sonne vom 24. Oktober bis zum 23. November durchlaufen.

Das Haus des Skorpions wird vom Planeten Mars regiert und sein größter Stern ist Antares. Dieser wurde von den Griechen so benannt, um anzuzeigen, dass er dem Mars an Brillanz gleichkommt – was von der heutigen Technik nicht bestätigt wird, da der Mars an seinem der Erde nächsten Punkt den Stern Antares an Glanz und Röte bei weitem aussticht.

In sehr alten Aufzeichnungen wird dieses Zeichen "Das Älteste" genannt; es gibt dafür keinen wirklichen Grund, obwohl man davon ausgehen kann, dass die Bezeichnung auf "die alte Schlange" zurückgeht, die ursächlich für den Fall der Menschheit verantwortlich sein soll. Glaubt man den antiken Schriften, ist dieser Vorgang am Himmel sichtbar und kann mittels schematischen Abbildungen der Sternbilder, wo Herkules gezeigt wird, wie er auf den Kopf der Schlange, oder den Skorpion, tritt, verfolgt werden. Genau wie die Schlange, steht der Skorpion für die Versuchung Evas, die Weisheit und Wissen erlangt hat um den Preis von Sorgen und Leiden. Gemäß der griechischen Mythologie wurde der Skorpion von Juno, der Königin der Götter (und Gattin Jupiters) am Himmel platziert, weil er auf ihren Wunsch Orion gestochen hat, der damit prahlte, dass er das wildeste und kämpferischste aller Tiere unterwerfen könne. Orion starb an den Auswirkungen des Stichs und wurde zusammen mit dem Skorpion an den Himmel gesetzt, jeder in ein eigenes Sternzeichen, das so platziert wurde, dass das eine aufgeht, wenn das andere untergeht; unter Seeleuten steht ein nicht sichtbarer Orion für Sturm und schlechtes Wetter, während er bei Sichtbarkeit gutes Wetter bedeutet.

Das Zeichen des Skorpions wurde in der Vergangenheit oft als das verfluchte Zeichen beschrieben, denn während dieser Zeit ist das Wetter typischerweise ungünstig, kühl und stürmisch und der

Wind wird als stechend und bitter kalt empfunden. Weit verbreitet waren Seuchen wie die Cholera oder Verdauungskrankheiten, die mit der Erntesaison einhergingen.

Persönliches

Die Leitcharakteristiken der im Skorpion geborenen Menschen sind Zielgerichtetheit, unbezähmbarer Wille und unbeirrbare Entschlossenheit. Sie führen ihre Pläne und Wünsche, egal ob zum Guten oder Schlechten, mit Gründlichkeit und Ausdauer durch. Obwohl dieser Typus sämtliche Extreme an Temperamenten unabhängig von deren Ausprägung vereint, von den höchsten und besten Naturellen bis hinunter zu den niedrigsten und am meisten degenerierten, gibt es doch nur selten schwache Charaktere unter ihnen – sie alle besitzen die gleiche, positive, methodische Mentalität voller unermüdlicher, mächtiger Energie, ganz gleich in welchen Sphären sie gerade unterwegs sind. Da Skorpione von Natur aus eine starke, magnetische Persönlichkeit und dominante Willenskraft besitzen, üben sie einen seltsamen, psychologischen Einfluss auf andere aus. Obwohl sie überzeugende und gewiefte Redner sind, machen sie sich oft fühl- und bemerkbar, ohne dass sie auch nur ein einziges Wort reden. Sie sind unbezahlbar, wenn sie in autoritären Positionen tätig sind, die es ihnen ermöglichen diese Kraft auszuüben. Beharrlich achten sie darauf, dass diejenigen, die unter ihnen arbeiten, ihre Aufgaben mit äußerster Präzision erledigen; und obwohl sie Personen eines minderen, sozialen Status freundlich begegnen, sind sie jederzeit in der Lage, Vertraulichkeiten übelzunehmen und, falls nötig, auf ihrer Würde zu bestehen, die es erlaubt, selbst den hartnäckigsten Menschen gegenüber auf Einhaltung der Regeln und Gesetze zu bestehen. Diese Skorpion-Menschen sind darüber hinaus mit einem ausgeprägten Sinn für Richtig und Falsch ausgestattet und dieser Gerechtigkeitssinn lässt sie ständig versuchen, da, wo es möglich ist, erhaltene Werte entsprechend zu vergelten – im negativen Sinn sogar bis zur Befolgung der alten Doktrinen von Auge und Auge und Zahn um Zahn. Obwohl eigentlich sachlich und nüchtern, sind sie manchmal, je nach Stadium ihrer Entwicklung, auch seelisch und psychisch. Oft gelingt es ihnen dann nicht, diese Kraft zu erkennen, und schreiben ihre Erfahrungen in dieser Richtung eher ihrer scharfen Auffassungsgabe und ihren messerscharfen

Schlussfolgerungen zu. Alles, was sie nicht persönlich fühlen oder verstehen können, diskreditieren sie und sehen die Grenzen ihres eigenen Verständnisses als die Grenzen der Natur an. Einer ihrer stärksten Charakterzüge ist ihre bewundernswerte Widerstandskraft, denn selbst wenn die Chancen auf Erfolg gegen Null gehen, sind sie niemals entmutigt, stehen nach jedem Rückschlag scheinbar unbeeindruckt von der Niederlage wieder auf und zeigen selten Gefühle oder Regungen in ihren Ausdrücken. Diese Fähigkeit zu widerstehen macht sie sehr beliebt als Streiter für die Schwachen und Unterdrückten, denn sie stellen sich jeder persönlichen Gefahr oder Unannehmlichkeit, um anderen zu helfen – und das, obwohl sie die mentalen Defizite und der Mangel an Selbstvertrauen und moralischem Mut der schwächeren Personen oft stört.

Stehen die Skorpione unter für sie schlechten Aspekten, sind sie äußerst destruktiv, dominant, bösartig und ruhelos. Sie entwickeln sich zu Nörglern und unvernünftigen Charakteren, die gerne umherziehen und ein Leben ohne Heim führen. Wenn ihr Wesen nicht von nachteiligen Planeten getrübt wird ist es enorm ausdehnend und die Umgebung eines Skorpions sollte so gestaltet sein, dass überflüssige Energie in einer Art und Weise abgebaut werden kann, die Verstand und Körper zuträglich ist. Das Leben in der Natur ist wichtig und tut ihnen gut und diejenigen, die durch ihre Lebensumstände sesshaft geworden sind, sollten das Laufen, Reiten oder Gymnastik so oft wie möglich in ihren Tagesablauf einbinden.

Diese energischen, kritischen und kraftvollen Wesen findet man in jeder Gesellschaftsschicht, in staatlichen Diensten, als Selbständige oder Leitende Angestellte; als Philanthropen oder Führer von demokratischen Kreisen helfen ihnen ihr phänomenales und rückschauendes Erinnerungsvermögen, sowie ihr schier unerschöpflicher Schatz an Argumenten und Vorstellungen entweder als zerstörerische Energie oder motivierende Kraft – aber immer im Dienste der Menschheit. Sie eignen sich bestens als Beamte, Detektive, Analysten, Vorsteher von Schulen oder Behörden, Vorgesetzte, Organisatoren und Ingenieure; sie geben auch hervorragende Chirurgen und niedergelassene Ärzte ab, immer bereit, hartnäckigen Patienten drastische Maßnahmen zu verordnen. Als Schriftsteller analysieren sie die dunkelsten Ecken des menschlichen Lebens und bringen diese zum Vorschein; sie interessieren sich ebenfalls für das Handwerk und intellektuellen Fortschritt und ihre geschäftlichen Fähigkeiten, ein Geschäft abzuschließen, einzukaufen oder zu verkaufen sind bemerkenswert.

Die gesundheitlichen Defekte dieses Hauses sind tendenziell eher ungewöhnlich, wie zum Beispiel unterdrückte Gicht oder Rheuma oder schmerzhafte und entzündliche Beschwerden der unteren Organe (die vom Skorpion regiert werden); Hämorrhoiden, Malaria, Typhus, Angina pectoris, Schlaflosigkeit und heftige Kopfschmerzen sind oft anzutreffen. Ihr Temperament ist heißblütig, impulsiv und neigt dazu, schnell beleidigt zu sein; aber obwohl sie eher jähzornig sind, besitzen Skorpione große Selbstkontrolle – nur bei schlechten Aspekten überwiegen ihre starken Leidenschaften und sie stechen – wie das Tier ihres Zeichens – gerne mit der Zunge und ihre Ausdrucksweise wird sarkastisch, reißerisch und manchmal auch grausam.

Sie glauben an die Gerechtigkeit Gottes, die auf Übeltäter herniederfahren wird und haben kein Problem damit, Missetätern die Strafe angediehen zu lassen, die ihren Verfehlungen entspricht.

In der Liebe und der Freundschaft sind sie wechselhaft. Sie haben starke und intensive Gefühle für die, zu denen sie sich hingezogen fühlen, unterliegen aber nur allzu oft plötzlichen Umschwüngen ihrer Gefühle und werden aus diesem Grund nicht glücklich in der Ehe. Sie neigen dazu anspruchsvoll und misstrauisch zu sein, wollen aber immer mit Respekt behandelt werden, selbst von denen, die sie nicht verstehen können. Sie harmonieren am besten mit Fischen, Krebsen, Steinböcken und Jungfrauen, am wenigsten mit Wassermännern und Löwen.

Glückssteine

Die Glückssteine dieses Hauses sind der Beryll, der Aquamarin, der Karfunkel und der Magnetit.

Der Beryll

Der Beryll und der Aquamarin sind praktisch ein und derselbe Stein und unterscheiden sich nur durch ihre Farbgebung: der Beryll variiert von leuchtendem Blau zu Weiß, der Aquamarin – wie der Name impliziert – entspricht der Beschreibung des Plinius als "der grüne Edelstein des Meeres"; wie auch dort variiert seine Farbe von einem blassen, kühlen bis zu einem tiefen, satten Grün. Mittlerweile ist es unter Juwelieren und Edelsteinhändlern üblich geworden, alle Abarten generell als Aquamarin zu bezeichnen, weswegen es durchaus nicht unüblich ist, dass ein Händler den grünen Stein als Beryll bezeichnet, während der nächste den blauen damit meint.

Die Zusammensetzung dieses Steins entspricht fast exakt dem Smaragd. Man findet sie in Indien, Sibirien und Brasilien. Der Beryll wurde im Osten von jeher als Stein der Reinheit verehrt und als besonders empfänglich für persönliche Einflüsse betrachtet. Manchmal wird er Bräuten vor deren Hochzeit geschenkt mit dem Ziel, die Auren der beiden frisch Verheirateten einzufangen und im Stein zu binden und damit ihre gegenseitige Liebe zu bewahren und zu verstärken. Auch die Römer glaubten dies und Camillus Leonardus bestätigt dies indem er sagt, "er macht den Träger fröhlich und bewahrt die Liebe der Ehepaare"; weiter, "er kuriert Probleme der Kehle und der Kiefer und ist gut bei Krankheiten der Leber und des Magens."

Entsprechend wird der Beryll als der Stein der Seher und Mystiker erachtet, von denen wiederum die meisten einen starken Skorpion in ihren Horoskopen haben. Aubrey beschreibt den Stein als besonders günstig für Wahrsager, da er "eine schwache, rote Tinktur beinhaltet, in der Magier Visionen sehen können." Auch Rossetti beschreibt diesen Effekt, der manchmal unter wechselnden Lichtverhältnissen beobachtet werden kann, in seiner Ballade "Rosemarie", in der er, als er über die Kräfte des Berylls berichtet, wie folgt schreibt:

"gefärbt wie ein Regenbogen in einer nebligen Hülle,
wie das Licht inmitten des Wasserfalls."

Alle Variationen dieses Steins wurden für verheiratete Menschen als besonders förderlich erachtet, da sie die Zuneigung immer echt und dauerhaft hielten und vor Rufmord schützten; außerdem stellte er das überragende Heilmittel gegen Müßiggang dar, war ein Schärfer des Intellekts und sollte speziell Seeleute und Abenteurer vor Gefahren und Krankheiten auf See wie auf Land schützen. Besonders wirksam war er auch beim Auffinden verlorener und versteckter Dinge.

Der Karfunkel

Der Karfunkel gehört in die gleiche Kategorie wie der Granat, wobei Letzterer mit einem Facettenschliff behandelt wird, während der Erstgenannte "*en cabochon*", mit abgerundeter Oberfläche, geschliffen wird. Man findet ihn in Ceylon, Brasilien und am Kap. Mittelalterliche Schriftsteller, darunter auch Chaucer und Mandeville, haben ihm attestiert, dass er bei Dunkelheit Licht spendet und in alten Legenden wird behauptet, dass er Noah als Lampe gedient habe.

Auch Shakespeare bezieht sich auf das Licht, das aus diesem Stein strömt; diese Berichte könnten der Tatsache entstammen, dass viele feinfühligen und spiritistischen Menschen ein gewisses Leuchten sehen können, das den Stein umgibt. Er war bei den antiken Hebräern, die ihn als *Baraketh*, "oder blitzenden Stein" kannten, sehr beliebt. Die Bezeichnung leitet sich von *Barak* ab, einem Wort, das *Blitz* bedeutet. Camillus Leonardus empfiehlt den Karfunkel als Schutz vor Gift, gegen infektiöse Krankheiten, zur Lockerung von Überspanntheit und als probates Mittel, um die Beliebtheit und den Wohlstand seines Besitzers zu steigern.

Während des Mittelalters glaubte man, dass der Stein seinen Besitzer vor der Pest bewahren, Traurigkeit verbannen, böse Gedanken vertreiben, Sinneslust unterdrücken, Differenzen zwischen Freunden beseitigen und allen Vorhaben Erfolg bescheinigen könne. Außerdem sollte er Magenverstimmungen kurieren und Halsentzündungen heilen können, wenn man ihn um den Hals tragen würde.

Glaubt man Plinius, gibt es weibliche und männliche Steine, wobei die tiefroten männlich und die helleren weiblich waren. Dieser Glaube bezog sich übrigens auch auf andere Edelsteine.

Die Völker Nordindiens und Afrikas, als auch die Araber, schrieben dem Karfunkel Schutz vor Verwundungen in der Schlacht zu.

Der Magnetit

Der Magnetit besteht zu einem hohen Teil aus Eisenoxid und hat seinen Namen aufgrund seiner magnetischen Qualitäten. Diese verleiteten Deinokrates, einen gefeierten Architekten aus dem Gefolge des Ptolemäus II., dazu, ein Tempeldach aus Magnetit zu planen, das die Statue der Arsinoe, welcher der Tempel gewidmet war, in der Schwebe halten würde – ein Plan, der aufgrund der Tode des Architekten und seines Gönners nie zur Ausführung kam. Claudius, ein römischer Dichter, der ca. 600 Jahre später lebte, erwähnt eine Venusstatue aus Magnetit und eine Marsstatue aus Eisen, die im gleichen Tempel platziert waren, um sich gegenseitig bei Hochzeitsfeierlichkeiten anzuziehen. Die Römer glaubten generell, dass dieses Stein Mann und Frau treu und ihre gegenseitige Liebe sicher sein ließen.

Orpheus schreibt dem Magnetit die Fähigkeit zu, die Liebe der Götter und Menschen anzuziehen, weswegen er oft in Eheringe eingesetzt wurde. In Indien glaubt man, dass er seinem Träger hohe Vitalität und Gesundheit spendet und bei den Mohammedanern wird er als Talisman gegen böse Geister eingesetzt. In elisabethanischen Zeiten hatten Seefahrer großes Vertrauen in den Stein als Schutz vor Schiffbruch und als Amulett gegen Gicht, wenn man ihn direkt auf der Haut trug.

Beryll, Aquamarin, Karfunkel und Magnetit sollten niemals von Wassermännern und Löwen getragen werden.

SCHÜTZE

Astrologisches

Die Sonne tritt in das Haus des Schützen am 23. November ein und verbleibt dort bis ungefähr zum 21. Dezember.

Das Haus wird durch einen Zentaur symbolisiert, der mit einem Bogen bewaffnet und bereit ist, einen Pfeil abzuschießen. Der regierende Planet ist der Jupiter.

Der Schütze ist ein Sternbild an der südlichen Hemisphäre und liegt zwischen dem Skorpion und dem Steinbock. Der Bogen des Schützen beinhaltet dabei drei der größten Sterne dieser Gruppe, so dass man seiner Form ohne große Probleme folgen kann. Auch dieses Bild entspricht einer biblischen Geschichte, die im Himmel abgebildet wurde. Der Astrologe R. A. Proctor, der auch herausgefunden hat, dass das Bild der Waage einmal durch einen Altar symbolisiert wurde, sagt dazu:

"Ganz in der Nähe des Altars (den Noah nach Verlassen der Arche gebaut hat), tatsächlich sogar im Rauch des Altars, liegt der Bogen des Schützen. Dazu korrespondierend können wir lesen, dass Gott, nachdem ihn der Geruch des Altars erreicht hatte, sagte: 'Meinen Bogen habe ich gesetzt in die Wolken; der soll das Zeichen sein des Bundes zwischen mir und der Erde.' In der Nähe des Schiffs Argo (die Arche) sehen wir den Raben, der auf der Hydra (der großen Seeschlange sitzt), die in den alten Skulpturen in den Wogen des Ozeans versunken ist, auf dem die Arche schwamm."

Auch die Griechen haben den Zentauren als Symbol dieses Sternbilds übernommen, aber gemäß ihrer Mythologie war dieser Chiron, Sohn des Saturn, der während seines Lebens in den Wäldern die medizinischen Eigenschaften der Kräuter studierte und dabei so gebildet wurde wie ein Arzt. Es war ebenso berühmt für sein Wissen über Astronomie und seine wissenschaftlichen Kenntnisse, weswegen er nacheinander Berater für Achilles, Herkules und Äskulap war. Als er mit den Pfeilen des Herkules hantierte, die ins Blut der Hydra getaucht worden und vergiftet waren, ließ er einen versehentlich auf seinen Fuß fallen und brachte sich eine Wunde bei, die selbst seine medizinischen Kenntnisse nicht zu heilen vermochten. Da seine Eltern beide unsterblich waren, konnte auch er nicht sterben. Um ihn von seinen qualvollen Schmerzen zu befreien, versetzten ihn die Götter an den Himmel als Sternbild.

*"Inmitten goldener Sterne steht er nun glänzend da
Und stößt den Skorpion mit seinem gesenkten Bogen."*

Persönliches

Eine der bemerkenswertesten Charakteristika der Menschen, die unter dem Einfluss des Schützen geboren wurden, ist ihre scharfe Auffassungsgabe und das präzise Erkennen der Schwachstellen der Wesen um sie herum. Darin gleichen sie dem Schützen, der bereit steht seinen Pfeil abzufeuern und der nur selten sein Ziel verfehlt. Schützen haben eine sehr bestimmte Art ihre Meinung auszudrücken, die immer und unmissverständlich die Natur der Sache trifft; hinter ihren Worten steht die Intuition, die ihnen die Macht der Eingebung verleiht. Sie sind progressiv, unternehmerisch und prophetisch. Sie besitzen eine klare Vorstellung von dem, was sie erreichen wollen und konzentrieren ihre Gedanken auf das Ziel, nach dem sie greifen möchten. Dadurch werden sie selten Opfer äußerer Umstände. Sie lösen die vielen Probleme des Lebens und kommen mit den wenigsten Schwierigkeiten aller Tierkreiszeichen durch die größten Sorgen.

Da sie die Freiheit lieben, sind sie oft ihr eigener Herr. Sind sie angestellt, dann in einer Position, die ihnen ein Maximum an Unabhängigkeit und Ungebundenheit verleiht. Selten fehlt es ihnen an Geld oder den Möglichkeiten dieses zu bekommen. Ihr Gerechtigkeitssinn ist äußerst ausgeprägt und da sie sehr stolz sind auf ihre Familie, resultiert jede Misshandlung oder Härte gegenüber denen, die sie lieben, fast schon in einem persönlichen Affront. Obwohl Schützen sich in der Regel um ihre eigenen Belange kümmern und oft als Außenseiter betrachtet werden, lässt sie ihre mitfühlende und loyale Natur schnell jede Kränkung oder Einmischung in die Angelegenheiten ihrer Familien oder Freunde erkennen. Ihr Verstand ist klar und schnell dabei, neue Ideen und Lebensgewohnheiten zu verinnerlichen. Da ihr Naturell sonst generell offen und ehrlich, aber auch neugierig ist, sind sie Fremden gegenüber gleichzeitig misstrauisch und wachsam – was wiederum oft zu Täuschungen führt, einer Eigenschaft, die sie aufgrund ihrer

Abneigung gegenüber Heimlichtuereien hassen. Ihre Bestrebungen sind hoch, exaltiert und kultiviert und da sie selbst im vorgerückten Alter noch hoffnungsfroh, fröhlich und jugendlich sind, sind sie im allgemeinen auch beliebt und erfolgreich – obwohl sie sich selten als Studenten oder in literarischen Berufen hervortun.

Die Umgangsformen dieses Typus sind für gewöhnlich umgänglich und höflich und ihr Temperament ausgeglichen, obwohl sie dazu neigen bei der kleinsten Provokation in die Luft zu gehen, wenn sie ganz spontan reagieren. Da sie gemäßigteren Menschen überlegen sind, zielen sie in ihrem Zorn auf einen wunden Punkt, den sie auch garantiert jedes Mal treffen. Wenn sie persönlich werden, werden sie *sehr* persönlich, aber nie willentlich bösartig. Ihnen rutscht mehr heraus, als sie eigentlich sagen wollten oder zu sagen beabsichtigten, und obwohl sie sich von ihrer Reizbarkeit schnell erholen, sind die Auswirkungen ihrer Laune oft lange anhaltend und spürbar.

Wenn es ihnen ihre Umgebung und ihr Beruf erlaubt ein gesundes Leben zu führen, sind Schützen großartige Charaktere. Frische Luft lässt sie die Vitalität und Energie, die sie benötigen, aufsaugen. Auf der anderen Seite werden sie gerne rastlos, krittelig, rebellisch, anspruchsvoll, dominant und schwer umgänglich. Es sollte ihnen immer möglich sein, Änderungen in ihren Berufen ohne Hindernisse oder Einwendungen durchzuführen. Jede Art Einschränkung ist desaströs für ihre Entwicklung und lässt sie zu interessenlosen, schwachen und unentschlossenen Charakteren verkümmern. Da sie klare Vorstellungen von dem haben, was sie erreichen wollen, und von Natur aus Sport und Betätigung im Freien lieben, neigen Schützen selten zu Depressionen und Schwächen. Sie besitzen überdurchschnittliche Fähigkeiten und Voraussicht und Kinder dieses Zeichens sind oft hellseherisch und hellhörig veranlagt. Sie lieben die Hygiene und da sie die größte Antipathie gegenüber beengten Verhältnissen hegen, suchen sie sich in der Regel Berufe, in denen sie Rede- und Handlungsfreiheit genießen und die viel Raum, Licht und Luft bieten. Sie geben sehr gute Richter, Präsidenten, Generäle, Kommandeure, Direktoren, Prüfer in Schulen oder Fabriken ab und hassen alle untergeordneten Positionen.

Personen dieses Zeichens lieben Tiere und es ist wenig überraschend, dass Hunde, Katzen oder Pferde zu ihren ständigen Begleitern zählen und selbst bei sehr wenig Training bereitwillig auf ihre Wünsche reagieren; viele große Sportler, die gerne lange Strecken über Land laufen oder ihre Erholung in den luftigen Niederungen oder Anhöhen finden, tragen dieses Zeichen. Oft werden Schützen auch Hunde- oder Taubenzüchter, Pferdehändler, Tierärzte, oder suchen andere Berufe, die sie mit Tieren oder dem Leben in der Natur in Kontakt bringen.

Die hauptsächlichen Beschwerden dieses Tierkreiszeichens sind Leiden der Bronchien und der Lunge, Rheumatismus, Verletzungen der Schenkel und Hüften (die von diesem Zeichen regiert werden), Beulen, Verstauchungen, Brüche, Beschwerden des arteriellen Systems, Schlaganfälle und Leiden, die einen plethorischen Ursprung haben und das Blut verunreinigen.

In der Ehe sind Schützen nicht immer glücklich, da ihr Verlangen nach Individualität und Gedanken- und Handlungsfreiheit in Verbindung mit einem intensiven Familienstolz oft Missverständnisse und sogar Eifersucht hervorruft. Da sie krankhaft empfindlich sind gegenüber Gefühlskälte und Teilnahmslosigkeit, gehen Kränkungen, sowohl eingebildete als auch echte, tief unter die Haut. Sie geben ihr Bestes und verlangen im Gegenzug ebenfalls das Beste. Einmal getäuscht, können sie nur ganz selten ganz vergeben und vergessen, obwohl sie aus einer unglücklichen Partnerschaft nach außen hin oft das Beste machen, um ihre häuslichen Differenzen, Fehler oder ihr Versagen nicht publik machen zu müssen. Schützen harmonieren am besten mit Widdern, Löwen, Wassermännern und Waagen, am wenigsten mit Fischen und Jungfrauen.

Glückssteine

Der Edelstein, der am besten passt und als am günstigsten angesehen wird, ist der Topas.

Der Topas

Den Topas findet man in vielen, verschiedenen Farben – weiß, gelb, pink, grün und schwarz; aber nur die ersten drei Farben werden für gewöhnlich als Schmuckstein gebraucht.

Die besten Steine kommen aus Brasilien und Mexiko, werden aber auch in Sibirien, Indien und vielen Teilen Europas und Großbritanniens gefunden. Am wertvollsten ist die pinkfarbene

Variation, die in Südamerika vorkommt; allerdings können gelbe Steine unter Einwirkung von Hitze auch künstlich in diese Farbe umgewandelt werden.

Der weiße Topas Brasiliens wird in Kieselform gefunden, ist frei von Makeln und ein sehr harter, heller Stein, der auf Hochglanz poliert werden kann. Er wird manchmal mit dem Diamanten verwechselt und ist in seinem Heimatland als "Sklavendiamant" bekannt – obwohl er dem Diamanten weder an Brillanz noch Schillern gleichkommt.

Eine safrangelbe Variation aus Ceylon, als Indischer Topas bekannt, wird schon lange in Indien als Glücksstein verehrt und zur Erlangung von Gesundheit, Vorsicht, Urteilsfähigkeit und als Schutz vor dem Sekundentod getragen. Wegen exakt dieser Qualitäten ist er auch in Myanmar sehr beliebt und immer ein Teil des Nan-Ratan, des heiligen Juwels aus neun Steinen, welches das wichtigste Ornament in den Insignien dieses Landes darstellt.

Glaubt man Plinius, leitet sich der Name des Topas von der Insel Topazos im Roten Meer ab, wo man ihn zuerst gefunden hat. Weiter sagt er, dass Topazein in der Sprache der Troglodyten "nach etwas suchen" bedeutet und die Lage der Insel wohl oft im Nebel verloren gegangen war. Einige Piraten, die angeblich auf der Insel gestrandet und vom Hunger getrieben waren, sollen beim Herausreißen von Wurzeln den Stein entdeckt haben. Aus den überlieferten Beschreibungen lässt sich schließen, dass man den Chrysolith oft fälschlicherweise für den Topas hielt und da die Häuser des Tierkreises, welche beide Zeichen repräsentieren, in Harmonie miteinander stehen, ist der Chrysolith ebenfalls günstig für im Schützen geborenen Menschen.

Gabelschoverus erwähnt, dass der Kaiser Hadrian, dessen Regentschaft eine der fruchtbarsten und friedlichsten des Römischen Imperiums war, und der mit Feuereifer damit beschäftigt war, das Christentum zu verbreiten, ja sogar auf seinem Totenbett eine Bittschrift an seine Seele aufsetzte, einen antiken Ring mit einem eingefassten Topas als Glücksbringer nutzte. In diesen waren in römischer Schrift die Worte *NATURA—DEFICIT,—FORTUNA—MUTATUR,—DEUS—OMNIA—CERNIT*, graviert, ein Ausdruck des Glaubens an den Allmächtigen, der Natur und Glück im Sinne des Trägers des Rings beeinflussen sollte.

Frische Luft war für die antiken als auch die modernen Schützen eine absolute Notwendigkeit, was die Tatsache beweist, dass die Römer diesen Edelstein als Schutz vor pestartiger Luft trugen. Ebenso sollte er seinen Träger vor Gefahren des Reisens, Verbrennungen und Verbrühungen und allen Leiden der Brust und der Gedärme bewahren.

Plinius nannte den Topas den "Stein der Stärke" und klassifiziert die Steine als die wertvollsten, die einen dominierenden, orangefarbenen Stich besitzen. Albertus Magnus empfiehlt ihn als Heilmittel gegen Gicht und Camillus Leonardus als Talisman gegen Hämorrhoiden, Wahnsinn und Sekundentod; auch sollte er seinem Träger Reichtümer und die Gunst der Prinzen bescheren.

Während des Mittelalters glaubte man, dass er Zauberei vertreiben könnte, wenn er in Gold gefasst wurde und entweder am linken Arm oder um den Hals hing. Er bewahrte vor Sinneslust, beschwichtigte Ärger und Raserei, erweiterte den Verstand, bescherte Fröhlichkeit und Zufriedenheit und vertrieb Grübelei und Befürchtungen. Man trug ihn auch als Heilmittel gegen Asthma und ganz besonders gegen Schlaflosigkeit, wozu er zermahlen und in Wein getrunken wurde.

Der Topas sollte niemals von Personen getragen werden, die in den Fischen oder der Jungfrau geboren sind.

STEINBOCK

Astrologisches

Der Steinbock, das zehnte Zeichen des Tierkreises, befindet sich am südlichen Sternenhimmel und besteht aus 51 sichtbaren Sternen, die den antiken Völkern des Orients als das südliche Sonnentor bekannt waren. Der Grund dafür ist der 22. Dezember, der Tag, an dem die Sonne in dieses Zeichen eintritt und der kürzeste Tag des Jahres. Es ist der Beginn der Wintersonnenwende, wo die Sonne am weitesten südlich des Äquators steht. Von diesem Tag an nimmt das Licht stetig zu und die Tage werden entsprechend immer länger.

Die Sonne verbleibt bis ungefähr zum 19. Januar in diesem Haus und der lateinische Name für das Symbol des Steinbocks ist Capricornus. Der herrschende Planet, der Saturn, wird manchmal durch einen alten Mann mit einer Sense dargestellt – buchstäblich Gevatter Zeit, den jeder von uns kennt. Dies erklärt unter Umständen auch den Namen der Akkadier für diesen Monat, Abba-Uddu, was soviel bedeutet wie alter Vater; und da sich die griechischen Wörter für Zeit und Saturn nur jeweils in einem Buchstaben unterscheiden, ist es sehr wahrscheinlich, dass diese als Synonyme betrachtet wurden.

Das Cornucopia, das Füllhorn, wird ebenfalls manchmal als Symbol dieses Hauses benutzt, denn gemäß der antiken Mythologie soll Saturn die Zivilisation und die Kunst des Ackerbaus eingeführt haben. Virgil beschreibt dies so:

"In seinem friedlichen Reiche herrschten Frieden und Wohlstand, und von daher hat das Goldene Zeitalter seinen Namen."

Und die zunehmende Länge der Tage verspricht eine reiche Zukunft.

Sehr oft wird der Steinbock mit dem Körper eines Fisches dargestellt, was in der klassischen Literatur als das Resultat eines Abenteuers des Gottes Pan interpretiert wird. Diese Gottheit, die bei den Griechen dieses Haus symbolisierte, wurde während eines Festmahls an den Ufern des Nils von dem Monster Typhon angegriffen. Um zu entkommen, sprangen Pan und seine Freunde in den Fluss und nahmen verschiedene Formen an – Pan wählte für seinen Unterleib die eines Fisches, den Kopf, die Schultern und die Vorderbeine eines Steinbocks für die andere Hälfte.

Persönliches

Das Symbol des Steinbocks, der einen Felsbuckel hinauf klettert, passt haarscharf auf die gut entwickelten Menschen, die unter dem Einfluss des Steinbocks geboren wurden. Genau wie dieser klettern sie beständig und geduldig aufwärts und bewältigen Hindernisse und Widerstände in großartiger Manier. Ihre unnachgiebige Energie und ihr Mut in auftretenden Schwierigkeiten erinnern uns an die Steinböcke, welche die Besitzer großer Vieh-Ranches in Mexiko wegen ihres überlegenen Muts und ihrer Intelligenz im Vergleich zu Schafen hielten. Wenn letztere in Gefahr waren, traten die Steinböcke den Feinden entgegen, kämpften furchtlos, sammelten die Schafe um sich herum, verhinderten dadurch eine Stampede und machten den Schäfern den Schutz insgesamt leichter.

Der Steinbock ist ein Erdzeichen und seine Träger neigen dazu, die Wichtigkeit des irdischen Lebens zu überbewerten. In ihrer Jugend leiden sie unter ihrer verstohlenen und ängstlichen Neugier bezüglich der Geheimnisse von Geburt und Tod. Sie nehmen jede Kränkung oder Brüskierung übel und sollten nie von grobschlächtigen Menschen aufgezogen werden, da sie gerne die Verfassung ihrer Mitmenschen aufnehmen und trotz ihrer Wertschätzung für Lob verzagen, wenn man sie gleichgültig behandelt.

Das Zeichen ist typisch für eine bemerkenswerte Zielgerichtetheit und die in diesem Haus Geborenen sind tiefgründige Denker und unersättlich in ihrem Wunsch nach Wissen – eifrige Studenten, die schnell jede Möglichkeit zur Selbstverbesserung oder der Karriere ergreifen, unermüdliche Arbeiter, die in der Lage sind, mehrere Pläne und Gedanken gleichzeitig zu verfolgen.

Der Wunsch Geld zu verdienen ist ein herausragendes Charakteristikum, in den meisten Fällen weniger um seines Willen, als um die Macht und Gelegenheiten, die der Wohlstand mit sich bringt; aber obwohl sie für gewöhnlich in finanziellen Dingen besonnen und sparsam sind, fällt es ihnen schwer, in persönlichen Dingen hauszuhalten. Obwohl sie härter arbeiten und besser wissen, wie man über die Runden kommt, als viele andere, gibt es immer wieder den sprichwörtlichen Regentag, der sie unvorbereitet vorfindet.

Dann und wann sind sie großzügig und geben bereitwillig von ihrer Zeit und ihrem Geld, wo andere nur wenig opfern, und nichts, wo andere viel geben. Im Gegensatz zu den Schützen, die zumeist großen Institutionen spenden, ziehen Steinböcke das Individuum vor.

Der typische Steinbock nimmt das Leben ernst und ist sehr an der okkulten Seite der Natur interessiert. Ebenso hält er alte Bräuche und Sitten aufrecht und verbindet die Gegenwart mit den vergangenen Traditionen und Altertümern, an denen er großes Interesse hat. Ist er schlecht aspektiert, verändert sich dieser Typus allerdings schnell zum Schlechten und zeigt große Mutlosigkeit sowie Versagensängste bei allen möglichen Unterfangen. Ohne Stimulation von außen wird er immer misstrauischer, besorgter, habgieriger und geiziger, bis es irgendwann unmöglich ist mit ihm zu leben. Wenn der regierende Planet Saturn in einem schlechten Winkel zum Mars steht, indiziert dies revolutionäre Tendenzen und krankhafte Freude am Leid anderer; aber typischerweise ist die Liebe zur Arbeit selbst bei den primitivsten Steinböcken so ausgeprägt, dass sie viel zu beschäftigt sind, um Zeit für Gemeinheiten zu haben – und wenn die bösartige Seite des Saturn besonders bemerkenswert ist, ist dies oft die Folge von zu viel Einsamkeit, in der der Träger dieses Zeichens über seinen Sorgen und Ängsten brüten konnte.

Sein Temperament ist stark und kraftvoll, aber normalerweise gut kontrolliert. Wenn er aber einmal aufgescheucht ist, bleibt der Steinbock dies längere Zeit und ist auch sehr nachtragend.

Seine körperliche Verfassung ist außergewöhnlich kräftig und oft werden Steinböcke sehr alt. Ihre hauptsächlichen, körperlichen Beschwerden sind Erkältungen, Taubheit, Beschwerden oder Unfälle der Gelenke, besonders der Knie, die von diesem Zeichen regiert werden und oft schwach sind. Ebenso gehören Koliken, Flatulenzen, Zahnweh, Milz- und Leberkrankheiten und schweres Ohr- und Kopfweh zu den Problemen dieses Zeichens. Letzteres wird speziell durch übermäßige, geistige und körperliche Belastung und der damit einhergehenden nervlichen Entkräftung hervorgerufen. Ausdauer, Scharfsinn, Vorsicht und Besonnenheit sind besonders ausgeprägt beim Steinbock. Sie brillieren in allen

Berufen, die Verschlagenheit und Urteilsvermögen erfordern und steigen oft durch persönliche Verdienste zu anerkannten Fachleuten in den von ihnen gewählten Bereichen auf.

Indien, das vom Steinbock regiert wird, illustriert treffend die Qualitäten als auch die Schwächen dieses Zeichens. Unter den Indern finden wir tiefgründiges Lernen, große Macht, soziale Stellung und eine akribische Detailverliebtheit – während die unteren Kasten die Erniedrigung demonstrieren. In diesem Haus Geborene sind für die meisten Berufe und Tätigkeiten im öffentlichen und behördlichen Bereich geeignet. Als natürliche Organisatoren werden ihre prägnanten Methoden von den schwächeren Menschen, denen sie oft dienen, gesucht. Priester, Mönche, Okkultisten, Staatsmänner, Lektoren, Autoren, Designer, Architekten, Bauleiter, Spekulanten, Landvermesser und Gärtner sind typische Berufe für den Steinbock.

In der Ehe und in Freundschaften haben sie immer wieder Probleme Bindungen einzugehen und bleiben deswegen oft ledig; wenn sie aber einmal gefesselt sind, ist dieser Zustand von langer und bleibender Dauer – obwohl ihre Liebesaffären gerne großen und schicksalsreichen Schwankungen unterliegen. Da sie in der Regel einsame und egozentrische Leben führen, stehen ihre Ideale oft außerhalb der menschlichen Erreichbarkeit und fördern entsprechend die Enttäuschung. Da Saturn, der regierende Planet, normalerweise eher für ältere als für jüngere Menschen günstig ist, sollten Steinböcke nicht zu jung heiraten. Ihre glücklichsten und erfolgreichsten Jahre sind oft die zwischen der Lebensmitte und den Siebzigern und sie harmonieren am besten mit Stieren, Jungfrauen, Fischen und Skorpionen.

Die Glückssteine dieses Hauses sind der Rubin, der Spinell, der Malachit, der schwarze Onyx und der Gagat.

Glückssteine

Der Rubin

Der Rubin ist einer der wertvollsten Edelsteine überhaupt. Wenn er groß genug ist, frei von Makeln und die richtige, rote Farbe hat, das sogenannte Taubenblut, ist er wertvoller als ein Diamant gleicher Größe.

Die schönsten Rubine kommen aus Myanmar, werden aber auch in Ceylon und Thailand gefunden; ihre Farbe variiert vom hellen Pink bis zum tiefroten Karmin. Bis vor kurzem wurde der Spinell, oder Balas-Rubin, noch zu den echten Rubinen gezählt, was aber nicht stimmt, da dieser eine ganz andere Zusammensetzung hat. Spinellen sind weicher und weniger brillant, dafür aber vielfältiger in der Farbe – es gibt sie in rot, orange, grün, blau und violett. Bei den Völkern des Orients war und ist dieser Stein einer der Lieblingssteine für Glücksbringer; in Indien, Myanmar und Ceylon glaubt man, dass er seinen Träger vor feindlichen Angriffen schützen, die Präsenz von Gift durch einen Farbwechsel anzeigen, sowie Freunde und Glück anziehen würde.

In China und Japan wird dieser Stein getragen, da er langes Leben, Gesundheit und Glück verleihen soll. Plinius beschreibt ihn als die Pechnelke und sagt, dass die Sternrubine von den Chaldäern als besonders vorteilhaft zum Schutz gegen das Böse und zur Erlangung der Gunst der Behörden erachtet wurden. Im gesamten Morgenland glaubte man, dass der Rubin die Kraft besitzt, Gefahr durch einen Verlust seiner Brillanz und Farbe vorherzusagen – eine Meinung, die auch in Europa Unterstützer hatte, was Wolfgangus Gabelschoverus in einer Schrift aus dem Jahr 1600 während einer Reise mit seiner Frau bestätigte: "Ich habe übrigens beobachtet, wie ein schöner Rubin (den sie mir gegeben hatte) immer wieder seine glänzende Farbe verlor und einen schwärzlichen Ton annahm." Er erzählt weiter, dass das drohende Böse der baldige Verlust seiner Frau war und dass der Stein nach ihrem Tod wieder seine ursprüngliche Farbe und Brillanz annahm.

Katharine von Aragon soll angeblich einen mit einem Rubin besetzten Stein besessen haben, der in gleicher Art und Weise das Herannahen von Unheil anzeigte.

Camillus Leonardus sagt, dass der Rubin Kontrolle über die Leidenschaft verleiht, böse Gedanken vertreibt, Besitztümer an deren rechtmäßige Eigner bindet, Streit schlichtet, Friede und Eintracht fördert und körperliche Stärke und Gesundheit bewahrt – und dass der Spinell die Kraft besitzt, die Gefahr durch Hagel und Sturm abzuwehren.

Die in diesem Haus geborenen Menschen, die frei von Saturns Einflüssen waren, trugen diesen Stein, um den Körper vor der Pest, Gift und Fieber zu schützen, Liebe und Freundschaft zu bewahren, Gesundheit, Vitalität und Freude zu erhalten, als Medikation gegen

Krankheiten von Leber und Milz und um böse Geister und Träume zu vertreiben. Man glaubte auch, dass der Rubin ein sehr aktiver und gefühlvoller Stein sei und bei einem schlechten Saturn im Horoskop einen Kanal für Enttäuschungen, Todesfälle und andere Unglücke darstellen würde.

Der Malachit

Der Malachit ist ein lichtundurchlässiger Stein, der zum größten Teil aus Kupferkarbonat besteht, welches ihm auch seine wunderschöne, grüne Farbe verleiht.

Der Name leitet sich vom griechischen Wort *Malaku* ab, welches die Malve bezeichnet und wurde gewählt, weil die Farbe des Steins der Farbe der Blätter der Pflanze stark ähnelt. Die beste Qualität findet man in Sibirien, aber auch in Australien, Afrika und Deutschland. Die Ägypter nutzten den Stein sowohl als Glücksbringer als auch zu dekorativen Zwecken.

Im Osten und in Russland war der Malachit sehr populär, da man ihn dort als Schutz gegen Koliken und Rheumatismus einsetzte, was wiederum seinem Kupferanteil zugeschrieben wurde; im Zusammenhang damit erwähnt Dr. Alfred J. Pearce in seinem Lehrbuch über Astrologie, "dass Arbeiter in Kupferminen der Cholera entkommen sind, obwohl deren Nachbarn daran gestorben sind" und "dass der Malachit von den Hindus als Amulett gegen Cholera getragen wurde."

Marbod empfiehlt den Malachit wegen seiner beschützenden Qualitäten und der Macht, gesunden Schlaf zu spenden, als Talisman für junge Leute; ebenso wurde er sowohl zum Schutz vor Blitzschlag und ansteckenden Krankheiten, als auch für Gesundheit, Erfolg und Konstanz in der Liebe getragen. Während des Mittelalters war es Brauch, den Stein mit der Gravur eines Sonnensymbols zu tragen. Damit sollte er die Gesundheit bewahren und Mutlosigkeit und Depression des Geistes, für die der Steinbock anfällig ist, abwehren.

Schwarzer Onyx

Der schwarze, oder dunkelbraune Onyx, trägt normalerweise einen deutlich sichtbaren, weißen Streifen auf seiner Oberfläche, manchmal auch in der Form eines Kreises um die Mitte des Steins.

Dann nennen ihn die Einwohner Indiens, wo die schönsten Steine gefunden werden, auch den Luchsaugen-Onyx.

In längst vergangenen Tagen wurde der schwarze Onyx – speziell in Indien – als *der* Stein für Rosenkränze angesehen, da ihm die Eigenschaften zugeschrieben wurden Leidenschaft einzudämmen, spirituelle Stärke und Inspiration zu verleihen und wirksam gegen Anfälle zu sein. Er sollte allerdings niemals von Personen getragen werden, die einen unvorteilhaften Saturn in ihrem Horoskop haben. Dies wussten auch die mittelalterlichen Astrologen, die in solchen Fällen, wie Marbod berichtet, behaupteten, dass sein Träger nachts von Dämonen und Visionen heimgesucht werden und von Streiten, rechtlichen Auseinandersetzungen und Melancholie betroffen sein würde; dass der Stein seine Arbeit zunichte machen und seinem Träger sogar den Stachel der Armut zu spüren geben würde – samt und sonders dem Saturn zuzurechnende Probleme.

Der Gagat

Der Gagat ist pflanzlichen Ursprungs und aus fossilem Holz, eine Abart der Kohle, die aber viel härter ist und hoch poliert werden kann. Der schönste ist der bekannte Whitby-Gagat, der von den Mönchen dieser historischen Abtei entdeckt wurde, bevor die Reformation deren Untergang einläutete. Gagat wird auch an den Küsten des Baltikum gefunden und war im Mittelalter als Schwarzer Bernstein bekannt. Er wurde als Prophylaktikum gegen Epilepsie, Anfälle und Strangulation der Gebärmutter getragen; nahm man ihn – gemahlen in Wein – innerlich ein, sollte er gegen Zahnweh helfen und zusammen mit Bienenwachs gegen Tumore. Auch die antiken Nationen kannten und benutzten ihn. Die Griechen widmeten ihn der Kybele, der Göttin aller Dinge, die die Erde hervorbringt, und trugen ihn, um ihre Gunst zu gewinnen. Ebenso wurde er zum Schutz Reisender über Meer und Land eingesetzt. Bœtius de Boot empfiehlt ihn als Mittel gegen Albträume, Hexenkraft, Besorgnis und Trübsinn.

Weder der Rubin, noch der Malachit, der schwarze Onyx oder der Gagat sollten von Waagen oder Widdern getragen werden. Dies gilt ebenso für alle Personen, die in ihrem Horoskop einen Konflikt mit dem Saturn haben.

WASSERMANN

Astrologisches

Der Wassermann, lateinisch Aquarius, ist das elfte Zeichen im Tierkreis und steht an der südlichen Hemisphäre zwischen den Sternbildern des Steinbocks und der Fische. In dieser Konstellation gibt es nur einige wenige, helle Sterne, so dass sie sehr schwer aufzufinden ist. Nur mit Hilfe eines guten Fernglases kann man die Gestalt eines Henkelkrugs oder einer Vase erkennen, aus deren Öffnung sich zwei Sternenströme ergießen, der eine in Richtung des Steinbocks und der andere nach unten. Am besten sieht man den Wassermann in den Monaten September und Oktober zwischen neun und elf Uhr nachts. Die Sonne durchläuft das Zeichen ungefähr vom 21. Januar bis zum 19. Februar.

Der Krug wurde bereits von fast allen antiken Völkern als Symbol geführt. Die Chinesen beschrieben das Bild als gefüllte Vase, die Chaldäer als Wasserkanne, die Araber als Krug oder Urne und die Griechen und Römer als Wassergießer.

In einigen alten Sternenkarten wird die Figur eines Mannes gezeigt, der einen Krug hält; da man heute diese Gestalt in den Sternen dieser Konstellation nicht mehr wiederfinden kann, entsprang sie zweifellos der Fantasie und wurde vielleicht verwendet, um die frühen, religiösen Lehren über den Tierkreis zu versinnbildlichen. Der arabische Name für "a quari", den vornehmlichen Stern dieses Zeichens, ist "sadal melik" und bedeutet "Glücksstern des Königs." Entsprechend verkörpert das Sternbild den König, oder den Priester, der durch seine Ergüsse sein Land segnet oder zum Erfolg führt. Eine Interpretation, die zumindest mit den Qualitäten des Wassermanns im Einklang steht, der ja zu den Luftzeichen gehört und dessen Sonnendurchlauf meist eine sehr feuchte Periode bezeichnet, ist, dass die Nebel und Wolken, die in seiner Luft getragen werden, vom Wassermann symbolisiert werden. Auch die zwei Wellenlinien, die urälteste Illustration des Wassers und das Bildzeichen dieses Hauses, drücken ebenso gut seine Qualitäten aus.

Antike Schriftsteller weisen den Saturn als Regenten dieses Hauses aus, genau wie beim Steinbock. Zweifellos ist er sehr stark, wenn er im Horoskop vertreten ist, aber unter heutigen Astrologen herrscht die einhellige Meinung, dass man den Saturn mit dem Uranus als Regent ersetzen sollte. Dieser Planet scheint während seines siebenjährigen Aufenthalts in diesem Haus dieses mehr als jedes andere zu beeinflussen. Da er dem Saturn in seinen Eigenschaften sehr ähnlich ist und den antiken Völkern noch unbekannt war, kam es nicht von ungefähr, dass sie den Charakter des Wassermanns dem Saturn zuordneten.

Persönliches

Die Menschen, die unter dem Einfluss des Wassermanns geboren sind, besitzen, oft unterbewusst, einen extrem komplexen Verstand und Veranlagungen, saugen aber auch bewusst Eindrücke und Informationen zu Themen aller Art auf. Sie interessieren sich für fast alles, selbst ungewöhnlichste Vorlieben sind ihnen nicht fremd; und so, wie es das Symbol des Wasserträgers darstellt, verleiht ihnen ihre diffusive Natur die außergewöhnliche Fähigkeit, anderen Wissen so weiterzugeben, dass diese es leicht verstehen können. Ihr mit Anekdoten und Erinnerungen gut gefülltes Gedächtnis macht sie zu höchst interessanten Gefährten – wenn sie dies zulassen.

Anders als die Steinböcke bewegen sie sich weder auf ausgetretenen Gedankenwegen, noch nutzen sie etablierte Argumentationen oder Methoden. Sie ziehen ihre eigenen Ideen und Vorstellungen denen anderer Menschen vor. Trotz dieser Fähigkeit, auf viele verschiedene Arten und Weisen Erfolg zu haben, tendieren sie durch ihre schwankenden Neigungen oft dazu, ihre Talente und Energie zu verschwenden, wodurch sie viele Karrieremöglichkeiten in einer festen Anstellung oder in einem gewählten Beruf verlieren. Obwohl sie aus gut abgegrenzten Motiven handeln – so glauben sie wenigstens selbst – , verärgern sie mit ihrer launenhaften Ruhelosigkeit immer wieder ihre Freunde und Mitmenschen. Da der Scharfsinn in einem Wassermann stärker ist als in jedem anderen Tierkreiszeichen, können sie menschliche Charaktere und Gemütsarten hervorragend beurteilen. Ihre analytischen und argumentativen Kräfte sind sehr ausgeprägt; sie durchschauen die Motive und Handlungen anderer Menschen sehr schnell und leicht und haben oft schon eine Antwort parat, bevor der andere ausgesprochen hat. Obwohl sie sehr sorgfältig die Fakten und die Wahrhaftigkeit jeder Angelegenheit untersuchen, bevor sie diese akzeptieren, finden sie offene Worte und geben ihre Meinung mit Nachdruck bekannt, wenn dies nötig ist. Sie sind intelligent, unabhängig und fortschrittlich in ihren Ideen und alle ihre Unternehmungen sind von einem starken Gerechtigkeitssinn und Vorausschau geprägt. Den Meinungen ihrer Mitmenschen entgegengesetzt haben sie oft Erfolg, wo alle anderen nur einen Fehlschlag vermuten; ihre Willenskraft, die fest und manchmal sogar hartnäckig ist, bemüht sich trotz Hindernissen und Schwierigkeiten, die andere für unüberwindlich halten, immer um die Vollendung eines Projektes. Für gewöhnlich besitzen sie mehr als eine Einkommensquelle, zeigen aber zu ihrem eigenen Vorteil nie, wenn sie reich geboren wurden. Ihr Bestreben, die beste Refinanzierung für ihre Investitionen und den besten Gegenwert für ihre Auslagen zu erhalten, sowie immer wieder auftretende plötzliche Verluste oder auch Gewinne, macht Geld für sie immer zu einer Angelegenheit, die mit Sorgen und Kummer verbunden ist. Unabhängig davon, ob Geld verdient oder geerbt wurde, sind sie in Gelddingen sehr vorsichtig, was Außenstehende oft als Geiz interpretieren – obwohl sie sehr oft große Summen für wohltätige Zwecke spenden.

In diesem Typus, in dem sich die stärksten, als auch die sprunghaftesten und unentschlossensten Charaktere finden lassen, treffen oft Extreme aufeinander. Wenn der Wassermann schlecht aspektiert ist, wird er streitsüchtig, schroff, selbstsüchtig und verbissen. Ihr exzentrisches und sonderbares Temperament lässt sie nur allzu oft zum Schöpfer ihrer eigenen Feinde und Missgeschicke werden.

Ihr Gemüt ist lebendig, leicht erregbar und sie erholen sich nur schwer von seinen Auswirkungen; dabei umgeben sie sich gerne mit einer Barriere aus Zurückhaltung, die nur schwer zu durchbrechen ist.

Die Berufe und Beschäftigungen, in denen Wassermänner am erfolgreichsten sind, sind oft ungewöhnlich und selten. Bekannte Vertreter dieses Zeichens sind zum Beispiel Charles Dickens, Thomas A. Edison oder Sir Henry Irving. Viele Erfinder, Metaphysiker, Wissenschaftler, Künstler, Schriftsteller, Hypnotiseure, Redekünstler, Schauspieler, Kunst- und Literaturkritiker oder Analysten sind Wassermänner und durch ihren unerschöpflichen und erfinderischen Genius oft dort erfolgreich, wo andere versagen.

Die gesundheitlichen Beschwerden der in diesem Zeichen geborenen Menschen sind für gewöhnlich kompliziert und manchmal unheilbar. Dazu gehören Unfälle durch Blitz oder Elektrizität, Schwindel, Nervenentzündungen, Rheumatismus, Störungen des Magen-Darm-Traktes, schlechter Kreislauf, Katarrhe, Ekzeme, Erkältungen und Brüche oder Verletzungen der Gelenke, die von diesem Zeichen regiert werden und oft schon in der Kindheit schwach sind.

Was Heirat und Beziehungen angeht, sind sie schwer zufriedenzustellen. Kaum jemand kommt ihren Idealen nahe und sie unterziehen die Fehler und Mängel derer, mit denen sie in Kontakt kommen, einer genauen Untersuchung. Gedankenlosigkeit und die daraus resultierenden Fehler sind ihnen unverständlich. Obwohl sie gerne in Städten oder Großstädten leben und sich unter andere Menschen mischen, sind sie oft die einsamsten aller Tierkreiszeichen; sind sie aber einmal einem Partner verfallen, sind sie zuverlässig und treu. Sie harmonieren am besten mit Zwillingen, Waagen, Widdern und Schützen, am wenigsten mit Stieren und Skorpionen.

Glücksteine

Der Granat

Granate gibt es in vielen, verschiedenen Variationen, von denen jede ihren eigenen Namen hat; der böhmische Grant ist tiefrot, der Hessonit (oder Zimtgranat) hat üblicherweise einen Tick Orange in seiner Farbe; Almandine haben eine violette Schattierung und leiten ihren Namen von Alabanda, einer Stadt in Kleinasien ab, wo dieser Stein – laut Plinius, der ihn als Alabandicus bezeichnetr – in der Antike gefunden und poliert wurde. Man findet Granate in Brasilien, Mexiko, der Tschechischen Republik, Australien und Nordamerika, im Ural sogar eine seltene, leuchtend grüne Variation. Die Farbe der schönsten Steine kommt der des Rubins sehr nahe, mit dem er in der Antike immer wieder verwechselt wurde. Juweliere bezeichnen ihn manchmal als Kaprubin, obwohl der Rubin viel härter, farbintensiver und strahlender ist.

Granate wurden im gesamten Osten, sowie bei den Griechen und Römern extensiv genutzt, wobei Letztgenannte ihn auch gerne graviert haben. Es gibt viele überlieferte, kaiserliche Porträts dieser Art.

In Indien und dem alten Persien wurde er als Amulett gegen Vergiftung und die Pest eingesetzt. Man trug ihn, um die Gesundheit und Fröhlichkeit zu erhalten und als Schutz gegen Blitze. Während des Mittelalters wurde er als Heilmittel gegen entzündliche Krankheiten eingesetzt; ebenso sollte er seinem rechtmäßigen Träger Beständigkeit und Redlichkeit verleihen – aber auch Uneinigkeit bei denen, die nicht das Geburtsrecht auf ihn hatten. Wie der Rubin warnt auch der Granat seinen Besitzer vor nahender Gefahr und Ärger, indem er seine Farbe wechselt. Zeitweise war er sehr beliebt als Erinnerungsstück unter Freunden, die auseinandergehen mussten.

Der Zirkon

Zu den Zirkonen gehören auch der Hyazinth und der farblose, ceylonesische Zirkon, die beide von unterschiedlicher Farbe sind, aber tatsächlich denselben stofflichen Aufbau haben. Unter heutigen Edelsteinhändlern ist der weiße Zirkon, der oft so makellos und leuchtend gefunden wird, dass er einem Diamanten sehr ähnelt, als der ceylonesische bekannt. Auf indischen Basaren wird er sogar häufig als Diamant angeboten.

Hyazinthen sind Zirkone von tief orangefarbener oder kräftiger, leuchtend roter Farbe. Der Name stammt aus dem Griechischen, da der Stein den Hyazinthblumen sehr ähnlich sah, die Apollo aus dem Blut seines Lieblings Hyazinthus wachsen ließ, den er versehentlich mit einem Wurfring getötet hatte. Die restlichen Variationen, die man in verschiedenen, gelben, grauen, braunen und grünen Schattierungen findet und die in ihrer Farbpalette von leuchtend hell bis matt und milchig reichen, werden generell als Zirkone bezeichnet. Die schönsten Exemplare stammen aus Indien, Sri Lanka, der Tschechischen Republik, Frankreich und Australien. Bœtius de Boot empfiehlt den orientalischen Hyazinth, "der aus Kalkutta oder Cambrai kommt", als schlafförderndes Mittel; Marbod sagt, dass er seinen Träger attraktiv und angenehmer erscheinen lässt, was Barrett in seinem "Magus" bestätigt und hinzufügt, dass er in Gold gefasst und am Finger getragen ein beliebtes Juwel war, um einen rastlosen Verstand zu beruhigen. Camillus Leonardus schreibt im Jahr 1750, dass der Hyazinth schwache Herzen stärkt, Einbildungen zerstreut, Eifersucht lindert, Reisende vor Verletzungen und Diebstahl bewahrt und diese vor Seuchen, der Pest und ansteckenden Epidemien schützt.

Der Zirkon war auch den antiken Völkern wohlbekannt und man nimmt an, dass er von Theophrastus als "Lyncurion" bezeichnet wurde. Die Popularität dieses Steines ist in Indien, wo er bis heute als Antidot bei Vergiftungen getragen wird, immer noch ungebrochen. Dort wird ihm auch die Fähigkeit nachgesagt, dass er Wohlstand, Ehre und Weisheit anziehen und böse Geister vertreiben soll.

Während des Mittelalters schrieb man ihm viele Tugenden und Kräfte zu, darunter auch, dass er Erfolg anziehen, seinen Träger überall Willkommen sein lassen, den Appetit anregen, die Verdauung fördern und vor Fieber schützen würde. Seine Wirksamkeit verstärkte sich, wenn man ihn in Gold gefasst hatte.

Weder Granat noch Zirkon sollten von Stieren noch Skorpionen getragen werden.

FISCHE

Astrologisches

Die Sonne tritt am 19. Februar in das Tierkreiszeichen der Fische ein und verbleibt dort bis zum 20. März.

Das Sternbild der Fische liegt in der südlichen Himmelshemisphäre zwischen Wassermann und Widder und nimmt dort eine große Fläche in der Nähe des Äquators ein, den die Sonne während des Frühlingsäquinoktiums beim Eintritt in das Tierkreiszeichen Widder überquert.

Einst markierten die Sternbilder die tatsächlichen Tierkreis-Häuser desselben Namens, aber durch die Kreiselbewegung der Tagundnachtgleichen sind die Sternbilder weiter gezogen und die Fische nehmen nun den Platz ein, der eigentlich dem Widder zugedacht war; diese Vorwärtsbewegung betrifft natürlich auch alle anderen Tierkreiszeichen. Das Sternbild der Fische ist am besten im späten Oktober und im November zwischen acht und zehn Uhr abends zu erkennen. Da es aber keine markanten Sterne beinhaltet, ist es sehr schwer auszumachen.

Die Griechen kannten es als Ichthyes, die Fische. Um die Verbindung des Tierkreises mit religiösen Überlieferungen aufzuzeigen. ist es interessant anzumerken, dass die Christen den Fisch als Symbol ihres Glaubens wählten weil das griechische Wort ΙΧΘΥΣ, Fisch, die Initialen von fünf Wörtern bildete, die Jesus Christus, Gottes Sohn, Retter bedeuteten. In der antiken, griechischen Mythologie ist verzeichnet, dass die Göttin Minerva die beiden Fische im Himmel platziert hat, um der Flucht der Venus und ihres Sohnes Amor zu gedenken, die an den Ufern des Euphrat vom Dämonen Typhon angegriffen wurden. Typhon wird von Homer und Vergil als Untier mit hundert Drachenköpfen auf seinen Schultern, flammenden Mündern und Augen, und Schlangen, die aus seinen Fingern quollen, beschrieben. Um ihm zu entkommen, verwandelten sich Venus und Amor in Fische und sprangen in den Fluss, der ihnen Sicherheit bot.

Das Haus wird typischerweise von zwei mit einem Band verbundenen Fischen symbolisiert. Für gewöhnlich ist Jupiter der regierende Planet dieses Hauses, im Falle hoch entwickelter Personen übernimmt Neptun die Herrschaft.

Persönliches

Das Symbol der beiden miteinander verbundenen Fische, die doch in gegensätzliche Richtungen schwimmen, ist ein angemessenes Bild für den Charakter dieses zwiespältigsten aller Zeichen. Fische handeln oft durch den Eindruck ihrer Umgebung, zeigen einmal außerordentliche Hartnäckigkeit und im nächsten Moment den Verlust jedweder Entschlossenheit. Wie die beiden Fische, die Rücken an Rücken schwimmen, sind ihre Gedanken und Handlungen oft uneins. Obwohl nach außen gelassen und gutmütig, wird dieser sensible, wankelmütige Charakter oft von plötzlichen Impulsen erschüttert und erinnert damit an das schimmernde Wasser, das ursprüngliche Element der Fische. Diese Subjekte sind gegenüber den um sie herum existierenden Bedingungen sehr empfänglich und passen sich nur zu gerne jedem vom Schicksal bedingten Wechsel dieser Bedingungen oder Umstände an, hegen dabei aber ein große Abneigung gegenüber allem, was ihr ruhiges und gelassenes Temperament ankratzt. Sie hassen Spannung, Unsicherheit und Besorgnis, haben vielfältige Schwächen und Fehler und scheinen nur allzu oft eine einzige Ansammlung von Widersprüchen zu sein.

Der allgemeine Charakter der unter dem Einfluss der Fische geborenen Menschen ist hoch emotional, besinnlich und oberflächlich; er beinhaltet auch viel künstlerische Bewunderung für schöne Landschaften und Umgebungen. Die Genüsse des Lebens ziehen Fische geradezu magisch an, da sie aber von Natur aus die möglichen Anforderungen ihrer Zukunft immer im Blick haben, sind ihre Ausgaben in dieser Richtung mit äußerster Vorsicht gepaart. Da sie sehr empfänglich sind gegenüber äußeren Einflüssen, verlassen sie sich oft zu sehr auf den Rat und die Erfahrung derer, mit denen sie in Kontakt kommen und sind entsprechend zu wagemutig oder zu vorsichtig unterwegs. Ihr Verstand ist einfallsreich, philosophisch, erwerbsorientiert und in der Regel präzise und mechanisch. Manchmal werden Fische aber auch träge und egozentrisch, wenn sie nicht von denen, die sie lieben, angespornt werden und dann mit erstaunlicher Hartnäckigkeit und unter allen möglichen Anstrengungen das gewünschte Resultat erzielen wollen. Trotz dieser krampfhaften Entschlossenheit fehlt es Fischen oft an Selbstvertrauen, weswegen sie nur selten zu ihrem eigenen Nutzen agieren und das Beste aus ihren Möglichkeiten machen. Sie wissen es sehr zu schätzen, wenn andere ihnen das Vertrauen schenken und ihnen Aufgaben übertragen, die sie dann auch mit höchster Präzision und Pünktlichkeit ausführen; ihre Vorliebe für verantwortungsvolle und führende Positionen lässt sie manchmal zwei Beschäftigungen gleichzeitig nachgehen. Als Kinder sind sie sehr aufmerksam und wissbegierig und stellen immerzu Fragen. Aus diesem Grund sollte man ihnen die bestmögliche Bildung angedeihen lassen. Ein falscher Start ins Leben hat für dieses Zeichen ernsthaftere Konsequenzen als für jedes andere. Sie wechseln ihre Beschäftigung nur extrem selten aus eigenem Antrieb, und obwohl man sie leicht überreden kann, werden sie schnell widerspenstig, wenn man sie antreibt. Fische hassen Misstöne und Unfrieden. Ihr Gemüt ist nur schwer zu verärgern, aber aufrührerisch, wenn es erregt ist. Obwohl sie im Allgemeinen sehr friedliebend sind, erholen sie sich nur langsam von solchen Auswirkungen.

Wenn Fische schlecht aspektiert sind, werden sie egoistisch, verschlossen, unzufrieden und extravagant; in Geschäftsdingen werden sie verschlagen und unehrlich, verlieren schnell die Balance und neigen zu Wutausbrüchen.

Das Haus der Fische regiert die Füße; entsprechend neigen die in diesem Zeichen Geborenen zu Verletzungen und Beschwerden dieser Körperteile und ziehen sich bereits bei kalten oder feuchten Füßen Erkältungen oder ernsthaftere Krankheiten zu; sie neigen ebenfalls zu Rückenleiden, Abszessen und Blutkrankheiten, Schwächen der Leber und nervösen Zusammenbrüchen. Man sollte Fische nie dazu ermutigen, einer Krankheit zu viel Bedeutung zuzumessen; da sie so leicht beeinflussbar sind, genügt alleine oft die Andeutung, um der Krankheit Vorschub zu leisten.

In ihren Berufen und Beschäftigungen sind sie erfolgreiche Schauspieler, Schriftsteller, Lehrer, Musiker, Revisoren und generelle Vorgesetzte. Sie sind sehr erfolgreich in der Pflege und Führung junger Menschen, wecken deren Interesse und erwerben deren Vertrauen und Begeisterung durch ihre originellen Methoden. Ohne rüde oder nörgelnd zu sein, fordern sie Gehorsam. Ein gutes Beispiel für diese besondere Fähigkeit ist Robert Baden-Powell, der Gründer der Pfadfinderbewegung.

Da sie von Natur aus das Wasser lieben, sind sie auch als Kapitäne, Seeleute und Fischer bestens aufgehoben. Gleiches gilt für alle Berufe, die mit Flüssigkeiten zu tun haben, wie zum Beispiel Gastronomen und Hotelbesitzer.

In Freundschaften und der Ehe sind sie in einigen Belangen übervorsichtig, in anderen wiederum unüberlegt. Da sie immer um die Konsequenzen ihres Handelns besorgt sind, wiegen sie ab und überlegen, bevor sie willentlich Veränderungen in ihrem Leben und ihren Gewohnheiten vornehmen; obwohl sie leicht zu beeindrucken und leidenschaftlich sind, treibt es sie oft ziellos in Beziehungen und viele heiraten erst sehr spät, obwohl sie von Natur aus dem Leben zuhause und in der Familie sehr zugetan sind. Fische harmonisieren am besten mit Krebsen, Skorpionen, Stieren und Steinböcken, am wenigsten mit Zwillingen und Schützen.

Glückssteine

Der Amethyst

Der Glücksstein dieses Hauses ist der Amethyst, ein Halbedelstein, der in verschiedenen Schattierungen von Lila vorkommt, zu der Familie der Quarze gehört und seine Farbe dem Eisen- und Manganoxid verdankt, das in seiner Zusammensetzung vorkommt. Die besten Steine kommen aus Sibirien, Sri Lanka, Brasilien und dem Iran. Ursprünglich wurde der Amethyst zu den Edelsteinen gerechnet. Erst die immensen Mengen, die in Brasilien gefördert wurden, verringerten seinen Marktwert.

Schon seit den ersten Tagen der Geschichtsaufzeichnung beschreiben alle Schreiber die okkulten Qualitäten dieses Steins als Gegenmittel bei einem Rausch. Der Name stammt aus dem Griechischen und bedeutet "ohne Rausch". Glaubt man Aristoteles, war dies auch der Name einer schönen Nymphe, die Diana anflehte, sie von der Zuwendung des Bacchus zu befreien – was die Göttin dadurch erzielte, indem sie sie in einen wertvollen Stein verwandelte. Bacchus gab dem Stein schließlich in Erinnerung an seine Liebe seine Farbe und die Fähigkeit, seine Träger vor dem schädlichen Einfluss des Weines zu bewahren.

Die Ägypter benutzten diese Steine sehr gerne als Glücksbringer und ihre Soldaten trugen sie als Amulette, die ihnen Erfolg bei ihren Unternehmungen und Besonnenheit bei Gefahr verleihen sollten. Plinius sagt, dass die Magier glaubten, dass die

Gravur von Sonne und Mond in den Amethyst diesen zur mächtigen Waffe gegen Hexerei machen würde; ebenso sollte er seinem Träger Erfolg bei seinen Gesuchen, Glück und die Gunst der Regierenden verschaffen. Camillus Leonardus, der seine Wirksamkeit gegen den Rausch bestätigte, sagte:

"Er unterdrückt böse Gedanken und Exzesse, beugt Ansteckung vor und verleiht ein gutes Verständnis für versteckte Dinge, wodurch ein Mann umsichtig und geschäftstüchtig wird."

Der Amethyst hatte schon seit jeher einen Bezug zu kirchlichen Dingen. Aufgrund seines Gebrauchs in bischöflichen Ringen wurde er gerne als "Bischofsstein" bezeichnet und Rosenkränze aus Amethyst-Perlen standen in alten Zeiten wegen ihres beruhigenden Einflusses bei Stress in hoher Nachfrage.

In der religiösen Kunst wurde der Stein als Sinnbild für die Entlassung aus den irdischen Leiden, Geduld im Kummer und Vertrauen in den Tod erachtet.

Während des Mittelalters wurden ihm vielfältige Fähigkeiten zugeschrieben: wenn er matt wurde, zeigte er die Anwesenheit von Gift an; wechselte er die Farbe, warnte er vor persönlicher Gefahr und Krankheiten; ebenso wurde ihm die Gabe nachgesagt, Geschäftsleuten Weitsicht und Soldaten Ruhe in der Gefahr zu geben.

Der Amethyst ist der Stein des Heiligen Valentin, der ihn angeblich immer getragen hat; wurde er in den Zeiten von Romantik und Ritterlichkeit von einer Edelfrau ihrem Ritter oder einer Braut ihrem Bräutigam in Herzform und in Silber gefasst geschenkt, verlieh er dem Paar, das nun mit Glück für den Rest seines Lebens gesegnet war, die größte auf Erden mögliche Freude.

In Verbindung mit der heilenden Gabe dieses Steins ist es interessant zu erwähnen, dass die moderne Forschung herausgefunden hat, dass lilafarbene Lichtstrahlen die Vitalität nervöser und hysterischer Patienten nachhaltig verbessern und einen beruhigenden Effekt auf diese haben. Ein Amethyst, der sanft über die Schläfen gerieben wird, soll Neuralgien und Schlaflosigkeit bessern. Er ist einer der ganz wenigen Steine, die universell und ohne abträgliche Nebenwirkungen getragen werden können.

www.ingramcontent.com/pod-product-compliance
Lightning Source LLC
Chambersburg PA
CBHW061338040426
42444CB00011B/2976